交通巡禮

歷代交通與水陸運輸

唐　容　編著

崧燁文化

目錄

序言 交通巡禮

文化是民族的血脈，是人民的精神家園。

文化是立國之根，最終體現在文化的發展繁榮。博大精深的中華優秀傳統文化是我們在世界文化激盪中站穩腳跟的根基。中華文化源遠流長，積澱著中華民族最深層的精神追求，代表著中華民族獨特的精神標識，為中華民族生生不息、發展壯大提供了豐厚滋養。我們要認識中華文化的獨特創造、價值理念、鮮明特色，增強文化自信和價值自信。

面對世界各國形形色色的文化現象，面對各種眼花繚亂的現代傳媒，要堅持文化自信，古為今用、洋為中用、推陳出新，有鑑別地加以對待，有揚棄地予以繼承，傳承和昇華中華優秀傳統文化，增強國家文化軟實力。

浩浩歷史長河，熊熊文明薪火，中華文化源遠流長，滾滾黃河、滔滔長江，是最直接源頭，這兩大文化浪濤經過千百年沖刷洗禮和不斷交流、融合以及沉澱，最終形成了求同存異、兼收並蓄的輝煌燦爛的中華文明，也是世界上唯一綿延不絕而從沒中斷的古老文化，並始終充滿了生機與活力。

中華文化曾是東方文化搖籃，也是推動世界文明不斷前行的動力之一。早在五百年前，中華文化的四大發明催生了歐洲文藝復興運動和地理大發現。中國四大發明先後傳到西方，對於促進西方工業社會發展和形成，曾造成了重要作用。

中華文化的力量，已經深深熔鑄到我們的生命力、創造力和凝聚力中，是我們民族的基因。中華民族的精神，也已

交通巡禮：歷代交通與水陸運輸

序言 交通巡禮

深深植根於綿延數千年的優秀文化傳統之中，是我們的精神家園。

總之，中華文化博大精深，是中華各族人民五千年來創造、傳承下來的物質文明和精神文明的總和，其內容包羅萬象，浩若星漢，具有很強文化縱深，蘊含豐富寶藏。我們要實現中華文化偉大復興，首先要站在傳統文化前沿，薪火相傳，一脈相承，弘揚和發展五千年來優秀的、光明的、先進的、科學的、文明的和自豪的文化現象，融合古今中外一切文化精華，構建具有中華文化特色的現代民族文化，向世界和未來展示中華民族的文化力量、文化價值、文化形態與文化風采。

為此，在有關專家指導下，我們收集整理了大量古今資料和最新研究成果，特別編撰了本套大型書系。主要包括獨具特色的語言文字、浩如煙海的文化典籍、名揚世界的科技工藝、異彩紛呈的文學藝術、充滿智慧的中國哲學、完備而深刻的倫理道德、古風古韻的建築遺存、深具內涵的自然名勝、悠久傳承的歷史文明，還有各具特色又相互交融的地域文化和民族文化等，充分顯示了中華民族厚重文化底蘊和強大民族凝聚力，具有極強系統性、廣博性和規模性。

本套書系的特點是全景展現，縱橫捭闔，內容採取講故事的方式進行敘述，語言通俗，明白曉暢，圖文並茂，形象直觀，古風古韻，格調高雅，具有很強的可讀性、欣賞性、知識性和延伸性，能夠讓廣大讀者全面觸摸和感受中華文化的豐富內涵。

肖東發

通衢大道 官道與棧道

　　隨著人類誕生，道路的歷史也開始發展。古人在極端惡劣的自然環境和十分低落的生產力條件下，為了生存和繁衍，在大地上開闢最早的道路。

　　從夏商周三代開始，經過歷朝歷代的建設，中國古代的道路發展相當進步，其中以官道和棧道最為輝煌。

　　中國古代官道和棧道的發展，促進中國的民族融合，對形成統一的中華民族具有著重要的作用。同時，道路的發展也增進中國跟周邊各國的經濟與文化交流。

▌先秦官道與棧道

■岩壁上的古代棧道

先秦時期仍是以奴隸制為主，在原始社會的基礎上建設改造，交通逐漸趨於發達。歷經春秋戰國後，官道與棧道逐漸稠密，交通道路的布局日新月異，大大促進經濟發展。

先秦時期所形成的交通路線基本上具有與後來交通線一樣的基礎功能，後世在它之上逐漸發展，最終形成暢通的大道。

夏代是中國歷史上第一個奴隸制國家，統轄地域主要在黃河中游一帶，周圍林立著大大小小的城邦。其城市遺址的考古發掘與研究，不僅表明當時社會的發展和進步，也表示城市交通在當時就是人們非常關心的議題。

商代時，朝廷也非常重視道路交通，定時派人修築護養道路。

就這樣，經過夏商兩代長期的開拓，至西周時期，可以說中國古代的道路已經粗具規模。

在周武王姬發滅商後，除都城鎬京外，還根據周公的建議修建東都洛邑，以便於控制東方新得到的大片疆土。

為了有效發揮鎬京和洛邑各自身為政治、經濟、文化重鎮的作用，周武王在兩地之間修建一條寬闊平坦的大道，號稱「周道」。並以洛邑為中心，向東、向北、向南、向東南又修建成等級不同的、呈輻射狀的道路。

周道不僅是國家交通的中軸線和西周王室的生命線，在中國古代交通的發展史上也具有重大意義。

西周至唐代期間各朝的政治經濟文化重心都在這條軸線上，而且在宋、元、明、清時期，這條交通線也仍然是橫貫東西的大動脈。周道奠定了中國經濟文化的發展。

西周對道路的規劃、管理、養護、綠化，以及沿線的服務性設施方面也有所建設。

西周把道路分為市區和郊區，前者稱為「國中」，後者稱為「鄙野」，分別由名為「匠人」和「遂人」的官吏管理，可以說是現代城市道路和公路劃分的先河。

城市道路分為經、緯、環、野四種，南北之道謂之經，東西之道謂之緯。都城中各有經緯九條線路構成成棋盤形，道路圍城為環，出城為野。

經、緯、環、野各規定有不同的寬度，其單位為軌，每軌寬八周尺，每週尺約合現在的二十公分。

交通巡禮：歷代交通與水陸運輸

通衢大道 官道與棧道

郊外道路共分為路、道、塗、畛、徑五個等級，並根據其各自的功能規定不同的寬度，類似於現代的技術標準。

「路」容乘車三軌，「道」容兩軌，「塗」容一軌，「畛」走牛車，「徑」為走馬的田間小路。

在路政管理上，西周朝廷設有「司空」以掌管土木建築及道路，並規定「司空視塗」，即按期視察，及時維護。以上情況足見西周的道路及管理，已相當完善的程度。

東周時期，當時的社會生產力空前發展，農業、手工業與商業都興盛起來。

隨著春秋大國爭霸，以及後來的「戰國七雄」對峙，大規模的經濟文化交流、軍事外交活動和人員物資聚散，大大推進道路的建設。

當時，除了周道繼續發揮其中軸線的重要作用外，在兩側還進一步建設縱橫交錯的陸路幹線和支線，並加以完善。

這個時期修建的主要道路工程有很多，秦國著名的褒斜棧道就是其中重要的一項。

秦惠王時，為了克服秦嶺的阻隔，他命人打通陝西至四川的道路，開始修築褒斜棧道。這條棧道起自秦嶺北麓眉縣西南十五公里的斜水谷，到達秦嶺南麓褒城縣北五公里的褒水河谷，故稱「褒斜道」。

這條全長兩千多公里的棧道，是在峭岩陡壁上鑿孔架木並鋪板而成的。除了褒斜道外，後續幾百年間還陸續開鑿了金牛道、子午道和儻駱道等棧道。

這些工程極其艱巨。人們首先要在岩石上架柴猛燒，潑冷水使之炸裂，這就是「火焚水激」的原始方法；然後在崖壁上鑿出三百平方公分大、五百公分深的孔洞，分上、中、下三排，均插入木椿；接著在上排木椿上搭遮雨棚，中排木椿上鋪板成路，下排木椿上支木為架。這樣建成的棧道，遠遠望去就像空中樓閣，煞是壯觀。

西漢史學家司馬遷在《史記》中記載：「關中南則巴蜀，棧道千里，無所不通，唯褒斜道綰轂其口。」

「綰轂」就是控扼、扼制的意思。褒斜道地處交通要沖之地，策略上為蜀之咽喉，歷來為兵家必爭之地。

除了秦國修建的褒斜道外，其他諸侯國為了謀求發展，滿足軍事和經濟的需要，也積極修建官道和棧道。

其中重要的道路工程，有楚國經營的從郢都通往新鄭的重要通道、晉國打通的穿越太行山的東西孔道、齊魯兩國建設的四通八達的黃淮交通網絡、燕國開闢的直達黃河下游和通往塞外的交通線等。

先秦道路建設和棧道的開闢，很大程度地方便人們外出旅行。在這些交通線路上，穿大袖寬袍的中原人，善射箭騎馬的戎狄人，居雲夢江漢的荊楚人，披長髮嬉水的吳越人，喜椎髻歌舞的巴蜀人，來來往往，相互溝通，為各民族的友好往來和最終走向統一打下了基礎。

閱讀連結

　　中國交通的形成和發展，遠古之時已肇其端倪。新石器時期的人們瞭解到交通的重要，往往選在便於交通的地區住居，也因此，在生產力相對低落的遠古時期，人們多喜居住於河流附近。還更有甚者，乃是居住於兩條河流交會的地方，例如河南省南召縣新石器時期的遺址，就在黃鴨河和白河交匯之處。

　　直到現在，兩河交匯的地方仍然是交通便利的所在。

▌秦代道路交通網

■秦朝阿房宮內的官道

　　秦始皇統一全國後，為了加強交通運輸，促進經濟、文化的交流和發展，下令拆毀以往各國修築的關塞、堡壘等障礙物，修建以首都咸陽為中心的馳道。隨後他命令蒙恬率眾

修築一條由咸陽向北延伸的直道，以鞏固邊疆，維護國家的統一，並派人在西南山區修築「五尺道」。

秦代修築的這些不同等級、各有特徵的道路，構成以咸陽為中心，通達全國的道路網，形成發達的交通系統。

秦統一天下後，為了鞏固中華民族的統一，秦始皇採取了一系列措施，「車同軌」就是其中之一。車同軌就是全國車輛使用同樣寬度的軌距。

這種「標準化」的要求和方法極為先進，它適應了秦代全國土木工程和戰爭等方面長途運輸的需要，對道路修建方面提出更高的要求。

根據「車同軌」的規定，秦始皇派人對戰國時期錯綜複雜的道路加以整修，拆毀關塞、堡壘等障礙物，連接和修建以秦都咸陽為中心的馳道；此為供帝王出巡時車馬行駛的道路，也就是御道。整體的交通網路以馳道為核心，四通八達，費時十年，工程浩大。

秦代著名的馳道，有今陝西省境內出高陵通上郡的上郡道、過黃河通山西的臨晉道、出函谷關通河南、河北、山東的東方道、出今商洛通東南的武關道、出秦嶺通四川的棧道、出今隴縣通寧夏、甘肅的西方道、出今淳化通九原的直道等。

秦代馳道有統一的質量標準：路面寬七十公尺，路床（roadbed）要高出兩側地面以利排水，並用鐵錘把路面壓得緊密；每隔十公尺種一株青松，以為行道樹；除路中央十公尺為皇帝專用外，兩邊還開闢了人行道。可以說，這是中國歷史上最早的正式的「國道」。

交通巡禮：歷代交通與水陸運輸

通衢大道　官道與棧道

　　據古書記載，西元前二一二年至前二一〇年，秦始皇下令修築一條長約一千四百公里的直道，命蒙恬、扶蘇率二十萬大軍，一面駐守邊關，一面修建直道。

　　直道經鄂爾多斯草原後進入子午嶺，沿子午嶺主脈由北向南，直至子午嶺南端的甘泉山。甘泉山至子午嶺一帶，森林茂密，鄂爾多斯草原更是野草叢生、湖沼遍佈、猛獸蛇蟲出沒、人跡罕至的地區。

　　蒙恬經過一年多時間考察，能夠建好這樣一條直至陰山山脈之下的近路，確實是一件不可思議的事情。

　　子午嶺地跨陝西、甘肅兩省，處於黃土高原的腹地，是一座高大的山峰。山區面積廣，支嶺較多，地形複雜，地勢險要，扼守著東西兩側的河谷大道，是兵家必爭之地。子午嶺的地理位置，決定了直道在防禦匈奴族和北方少數民族入侵中很重要的軍事地位。

　　子午嶺兩側的河谷大道，即著名的延州道和馬蓮河道。河谷地帶水草豐盛，遊牧族來往於河谷大道，因此，它們成為古代北方遊牧民族南下的主要通道。

　　延州道河谷比較狹窄，北方遊牧部族南下時困難較多，因而往往會選擇走馬蓮河道。修築延州道的目的，主要是為了防禦北方匈奴的侵擾。

　　馬蓮河道沿途經過陝甘等省，穿過十四個縣，直至九原郡，僅僅用了兩年半的時間就修築完畢。建成後的直道寬度一般都在六十公尺左右，沿途各支線星羅棋布，每條支線都有容納並排行駛兩輛卡車至四輛卡車的寬度。

馬蓮河道正式使用以後，秦始皇的騎兵從雲陽林光宮出發，三天三夜即可馳抵陰山腳下，出擊匈奴。

另外還有一條道路，在馬蓮河道之西，六盤山下的肖關道。這條道路比較平坦，附近的水草也比較豐盛，更利於騎兵活動。

秦直道是一條類似今天的高速公路。秦代以後，直道仍然發揮著重要的作用。西漢時期不僅積極利用秦時所修的直道防禦匈奴南犯，針對直道的維護也曾下了一番工夫。

據《漢書‧地理志》記載，當時西漢在北地郡新增了直路縣和除道縣，這兩縣分別設在子午嶺段直道的南北兩端，顯然是為了加強對直道的控制。

除了馳道、直道而外，秦始皇還在西南山區修築了「五尺道」。五尺道又稱「滇僰古道」，是連接雲南與內地的最古老的官道，為連接川滇漢人與古僰人修建的。

統一中國後，為了有效地控制在夜郎、滇等地設立的郡縣，秦始皇派了一位名叫常頞的人率眾築路，這條路就是歷史上有名的「五尺道」。

常頞開通的五尺道雖寬五尺，但由於沿途山勢太險，鑿通實在不易，加上當時尚未發明炸藥，只能採用「火焚水激」的方法。

五尺道北起宜賓、南至曲靖，途經鹽津、大關、昭通、魯甸、宣威等縣，唐樊綽《蠻書》稱之為「石門道」。這條道路儘管狹窄，因為是是雲南通向蜀地的重要商道，它和秦

始皇在全國其他地區興修寬達五十公尺的「馳道」具有同等重要的意義。

其實，秦代除了修築城外道路外，對於城市道路的建設也有突出之處，如在阿房宮的建築中採用高架道的形式築成「閣道」，自殿下直抵南面的終南山，形成「復道行空，不霽何虹」的壯觀畫面。

總而言之，秦代修築的馳道和直道是中國古代築路史上的傑出成就。以馳道為幹線形成的道路交通網，也是世界上最早出現的具有全國規模的道路交通網之一。

這項偉大的創舉，不僅對民族統一和推動社會經濟進步具有重要意義，對後世的陸路交通也有深遠影響。

閱讀連結

相傳，秦始皇當年讓太子扶蘇鎮守西北，建功立業，好使他將來順理成章地繼承帝位。秦始皇愛子心切，還特意叫將軍蒙恬扶持他。

扶蘇忠心耿耿，他在西北一待就是數年，除了參與軍事決策外，還協助蒙恬修建了直道。秦始皇去世後，扶蘇遭人陷害，被奸臣趙高假傳聖旨賜毒酒自盡。扶蘇仰天長嘆，然後端起毒酒一飲而盡。

扶蘇死後，當地老百姓就把他埋葬在直道旁，並建廟紀念。但歲月滄桑，如今廟宇早已坍塌，只留下一堆黃土，供後人憑弔。

漢代陸路交通線

■穿過絞河古城的絲綢之路驛道

漢代的陸路交通路線，重點放在通往巴蜀、西北、北邊、嶺南及西南等地區，而最重要的是，這個時期開闢了通向河西走廊及西域諸國之通道。漢武帝時期，為了打通通往西域的經濟通道和防禦匈奴的軍事需要，先後在河西走廊設置武威、張掖、酒泉、敦煌四郡，並建置了驛道，還有烽燧亭障等一系列軍事設施，以此基礎繼續向西，順利開通與西域之間的交通線，促進經濟文化的大發展，奠定社會發展的基礎。

漢代的陸路交通線，除了繼承和維修秦朝的馳道、直道外，還新修一些交通線。

在中原地區，因地勢險惡程度的不同設有關隘以控制交通路線的咽喉。洛陽東面的成皋關口，南面的轅轅、伊闕之道；從長安向東南，有武關至南陽之道；還有臨晉關、河東、

交通巡禮：歷代交通與水陸運輸

通衢大道 官道與棧道

上黨與河內、趙國等通道要沖。可見，從長安和洛陽通往上述諸地，均有重要的陸路交通線。

此外，中原通往南越及交趾等地也有陸路交通線。早在秦朝，通往南越有「越道」，又名「新道」。秦曾設橫浦關、陽山關及湟溪關。

其中橫浦關在仁化縣北六十五公里；湟溪關在樂昌縣西南一公里；揭陽在陽山縣，陽山關當在此。

西漢初年，南越王趙佗斷絕了「新道」，至漢武帝征服南越國後才得以暢通。東漢時，為了進一步開發這個地區，鑿山通道兩百五十幾公里，從桂陽通往南越故地的陸路交通因此便利。

西漢時期對西域的開發並打通「絲綢之路」，是漢代陸路交通的重要成果，對後世有重大意義。

西漢初年，匈奴屢次侵犯中原，當時的漢代剛剛建立，國力衰微，只好以和親的方式來求得天下太平。漢武帝劉徹登上皇位後，漢代的經濟和軍事實力逐漸增強，於是改變對匈奴的政策，打算以武力方式解決紛爭。

當時西域有一個大月氏國，因其先王被匈奴人殺死，與匈奴結怨，於是漢武帝希望與之結盟，兩面夾擊匈奴。

為了聯合大月氏，漢武帝派使者張騫出使西域，於西元前一三九年帶領一百多人組成的隊伍，從都城長安出發，打算穿過河西走廊，到達遠遷康居的大月氏國。

不幸的是，一行人在中途被匈奴扣住，這一扣就是十多年。

張騫從未忘記過自己的使命，他忍辱負重，無時無刻不在想法逃離匈奴。隨著時間的推移，匈奴逐漸放鬆對張騫的看管，於是在某天夜裡，張騫趁其不備，與貼身隨從甘父逃出了匈奴，經過長途跋涉，終於抵達大月氏.。

令張騫始料不及的是，大月氏在新的領土上安居樂業，已經不願意再與匈奴為敵。聯盟失敗的張騫啟程東歸，途中再次被匈奴俘虜，但他又在兩年後成功脫逃。

雖然張騫此次去西域沒有達至預期目的，卻帶回大宛、大夏、大月氏、烏孫、奄蔡等國的大量資料，加強中國和新疆一帶的聯繫，為絲綢之路的開通奠定了基礎。

西元前一一九年，漢武帝再次派張騫到西域，聯絡烏孫，共同攻擊匈奴。張騫率領三百多人的隊伍，暢通無阻地到達烏孫，並派副使訪問了大宛、大月氏、大夏等國，足跡遍及中亞、南亞許多地區，最遠曾至大秦和北非。大秦就是現在的羅馬。

漢通西域，起初是出於合擊匈奴目的，結果卻讓漢武帝和張騫始料未及。張騫去西域後，漢代的使者、商人接踵西行，西域的使者、商人也紛紛東來，從此開始了商貿往來。

循著張騫曾經走過的線路，中國的先進技術、絲綢、農作物栽培法等傳到了西域，而西域各國的奇珍異寶也輸入了中國內地。

通衢大道 官道與棧道

具體來說，絲綢之路最初東以長安為起點，沿渭水西行，過了黃土高原，透過河西走廊到達敦煌，並由敦煌西行則分成南北兩路。

南路出陽關，沿今塔里木盆地南沿、崑崙山北麓，經古樓蘭、且末、民豐、於田、和田、墨玉、皮山、葉城、莎車，到達喀什；

北路出玉門關，沿塔里木盆地北沿、天山南麓，經過吐魯番、庫爾勒、拜城、阿克蘇、巴楚到達喀什。

南北兩路在喀什會合後，繼續往西，登上帕米爾高原，這是最難走的一段路。然後經過阿富汗、伊朗和中亞諸國，再過地中海，最後到達絲綢之路的終點，也就是大秦的首都羅馬城和威尼斯。

後來又開闢了一條北新道，從敦煌經哈密，沿著天山以北的準噶爾盆地前進，渡伊犁河西行至古羅馬帝國。

絲綢之路不僅拓寬了漢代陸路交通線，更使其成為國際商道，因而有著極為深遠的意義。

絲綢之路經過中亞、西亞，可與東南歐及北非的交通線相銜接，構成世界性的東西大商道。不僅在兩漢時期，包含唐代以後的歷朝歷代，它始終發揮重要的作用，成為古代東西方文明聯繫的主要紐帶。

閱讀連結

東漢明帝時，班超被任命為行軍司馬，於西元七十三年奉命去西域，並擔任西域都護。

他幫助西域各國擺脫匈奴的控制，在當地的威望越來越高。他在西域經營三十年，加強了其與中國的聯繫。後來東漢朝廷要把他調回時，許多人都不肯放他走，甚至抱住馬腿跪著挽留他。

班超經營西域期間，首次將絲路從西亞一帶延伸至歐洲，到了大秦，就是現在的羅馬。西元一六六年，大秦也順著絲路首次來到東漢京師洛陽，這是歐洲國家同中國的首次直接交流。

唐宋城市道路

■唐代長安城西市模型

中國古代的城市道路建設，在唐代以前已經有了很大的成就，至唐宋時期，道路建設的發展則進入了極盛時期。

交通巡禮：歷代交通與水陸運輸

通衢大道 官道與棧道

　　城市道路系統絕大多數採取南北向為主的方格網佈置，這是由建築物的南向佈置延伸出來的。

　　唐宋的城市街巷四通八達，城市封閉的格局被打破了，展現出唐宋王朝的城市風貌和幾代帝王的開放胸懷，為帶動經濟大發展提供了非常便利的條件。

　　唐代不僅發展了大規模、長距離的車馬運輸道路，也發展了城市道路。當時，京城長安不僅有水路運河與東部地區相通，還是國內與國際的陸路交通的樞紐，成為世界上最大的都市之一。

　　唐長安城面積達八十四平方公里，其總體設計為中高外低，左右對稱，東西兩城完全相等；坊市街巷整齊有序，坊街尺度各分三等。

　　長安城主要由郭城、宮城、皇城等構成。

　　宮城位於郭城北部中央。皇城接宮城之南，設有中央衙署及附屬機構。郭城內有南北向大街十四條，東西向大街十一條。垂直交錯的大街將郭城劃分為一百〇八個封閉式的里坊，坊內有民居、官衙、寺觀等。

　　明德門至皇城正門朱雀門的朱雀大街位於全城中軸線上，道路寬達一百七十公尺以上，被稱為「天街」，至今仍是世界上最寬的街道。

　　位於長安城中軸線的朱雀大街把長安城劃為東西兩部分。街西管區叫長安縣，街東管區叫萬年縣。

朱雀大街的路面用磚鋪成，道路兩側有排水溝和行道樹，佈置井然，氣度宏偉，不但為之後的城市道路建設樹立了榜樣，影響甚至遠及日本。

長安城各條大街車水馬龍，熙熙攘攘，非常熱鬧。街道兩側多植樹，加上錯落其間的清池溪水、眾多的園林、盛開的牡丹，使整個城市非常整齊美觀。

出了長安城，向東，向南，向西，向北，構成了四通八達的陸路交通網，不僅通向全國各地，而且中外交通往來也相當頻繁。

宋代是中國古代道路建設突飛猛進的時期，特別是在城市道路建設與交通管理方面，與唐代已經有了明顯的區別。

宋代時期的城市建設為結合街和市，城內大道兩旁第一次成為百業匯聚之區。城裡居民走出以前那種以封閉分隔為特徵的坊裡高牆，投入空前活躍的城市生活；酒樓、茶肆、勾欄、瓦舍日夜經營，藝人商販填街塞巷。

北宋的都城是汴京，又稱東京，就是現在的開封。汴京是北宋政治、經濟、軍事、科技、文化、商業和城市的中心，也是當時世界上最繁華、面積最大的大都市。

汴京的建設規劃思想獨特，宏大的城垣分外城、內城、皇城，三重城郭，三條護城河。城內交通水陸兼容，暢通無阻。汴京中心街道稱作御街，寬兩百公尺，路兩邊是御廊。

北宋朝廷改變以前居民不得向大街開門、不得在指定的市坊以外從事買賣活動的舊規矩，允許市民在御廊開店設鋪

和沿街做買賣。為活躍經濟文化生活，政府還放寬了宵禁，城門關得很晚，開得很早。

在皇帝出行的街道上，每隔兩、三百米設一個軍巡鋪，鋪中的防隅巡警，白天維持交通秩序，疏導人流車流；夜間警衛官府商宅，防盜，防火，防止意外事故。

宋室南遷，定都杭州，改稱臨安府，稱為「行在」。而仍將北宋歷代先帝陵寢所在的東京汴梁城稱為「京師」。

臨安原為地方政權吳越國的都城。南宋朝廷以臨安為行都，傾全國之人力、物力、財力，精心營造臨安城市建設，如疏濬河湖，增闢道路，改善交通等，使之成為全國的政治、經濟、文化中心。

臨安以御街為主幹道，全長約四千五百公尺，有四條與御街走向相似的南北向道路；東西向幹道也有四條，都是東西城門之間的通道。還有次級的街道若干條，均通向中部御街。

臨安御街是皇帝於「四孟」，即孟春、孟夏、孟秋、孟冬到景靈宮朝拜祖宗時的專用道路。景靈宮位於現在的武林路西側，是供奉皇室祖先塑像的場所。

每隔三年，皇帝都要進行一次為期三天的祭天儀式。他沿著御街到景靈宮吃齋祭祖，住一晚後，再返回今鼓樓附近的太廟住一晚，再到城外的郊壇祭天，再住一晚後返回皇宮。

臨安的御街對百姓來說也很重要，因為它的兩邊集中數萬家商舖，臨安城一半的百姓都住在附近。

城內河道有四條，其中鹽橋河為主要運輸河道，沿河兩岸多鬧市。城外有多條河流，與大運河相連。這些縱橫相交的河和湖構成一張水運網，對臨安經濟發展發揮了重要的作用。

唐宋時期的經濟文化相較於以往各朝各代有著巨大的發展，應該與其四通八達的城市道路有著直接的聯繫。

閱讀連結

南宋臨安城御街兩旁的商業非常發達，大致可以分為三段。

從萬松嶺到鼓樓是臨安的政治中心，靠近皇宮、朝廷中樞機關有皇親國戚、文武百官集中，消費與購買力最強，因此，這裡的店鋪大多經營金銀珍寶等高檔奢侈品。

從鼓樓至眾安橋，以羊壩頭，官巷口為中心，是當時的商業中心，經營日常生活用品；據《夢粱錄》記載，這裡名店、老店雲集，有名可查的達一百二十多家。

從眾安橋至武林路、鳳起路口結束，形成商貿與文化娛樂相結合的街段。

清代道路建設

■北京城的古巷道

在唐宋之後，又經歷元明時期，中國的道路發展取得更大的發展。

至清代時，朝廷對原有的道路進行多次整頓，使道路的功能更加強大，在築路及養路方面也有新的提高。道路里程比以前更長，布局也比以往任何時候都合理而有效。

清王朝建立的大一統政體，具有超過歷朝的規模，其交通系統，也在聯絡的範圍和通行的效率等方面展現出超過前代的優勢。

清代把驛路分為三等，一是官馬大路，由北京向各方輻射，主要通往各省城；二是大路，自省城通往地方重要城市；三是小路，自大路或各地重要城市通往各市鎮的支線。

官馬大路，是國家級官道，在京城東華門外設皇華驛作為全國交通的總樞紐，管理北路、西路、南路、東路等官馬大路幹線系統。

官馬北路系統最重要的是通往大東北的幹線，即從北京經山海關、盛京分別延伸至雅克薩、廟屯的官路和通往朝鮮半島的國際通道。屬於官馬北路系統的還有到呼倫、恰克圖的幹線以及塞上的橫向大通道。

官馬西路系統包括蘭州官路與四川官路的兩大幹線，前者從北京經保定、太原、西安、蘭州，分別至青海、西藏和新疆，並通往中亞、西亞諸國；後者則是通往大西南的幹線，從西安通往雲、貴、川，並向西延伸至西藏拉薩。

官馬西路系統當時覆蓋了中國整個西部地區，在大清帝國創建和鞏固的過程中，產生十分重要的作用。

官馬南路系統，包括雲南官路、桂林官路和廣東官路三條幹線。前兩條幹線均從太原南下過黃河到洛陽，分道到昆明或桂林，並延伸至印度支那半島；第三條幹線即廣東官路的主幹道，則是從北京出發經濟南、徐州、合肥、贛州、韶關，直至廣州。

廣東官路是元、明以來北京到廣州縱貫中國南北的主要官道，歷來當作「使節路」，意思是常有中外使節通行的官道。

官馬東路的唯一幹線就是福建官路，沿途經過天津、濟南、徐州、南京、蘇州、上海、杭州、福州等重要城市，是

清朝朝廷經濟上賴以生存的重要通路。此外，還有橫貫東西的長江官路等。

清代道路建設的重大成果是修建鐵路，尤其是京張鐵路的建成，這是中國人利用自己的技術力量修成的，對於加強內地與邊疆的聯繫有著重要意義。

清代第一條自建鐵路是唐胥鐵路，是由地方朝廷於一八八一年建成的從唐山至胥各莊的鐵路。由於當時清代禁駛小火車，用騾馬拉的大車不得不行駛在唐胥鐵路的鋼軌上。

一直至中法戰爭爆發前夕，清朝朝廷的兵工廠、軍艦、輪船急需用煤，朝廷才終於做出讓步，同意從英國購買兩台水櫃蒸汽機車，唐胥鐵路才成為真正意義上的營運鐵路。

唐胥鐵路的出現，打破了清朝朝廷不准修建鐵路的堅冰，而在唐胥鐵路通車的八年後，清朝朝廷作出決斷，開始在全國大辦鐵路。

京張鐵路在清代鐵路建設中具有重要意義。它是由當時的鐵路工程師詹天佑設計監造、一九〇九年建成，是中國首條不使用外國資金及人員，由中國人自行勘測、設計、施工完成，投入營運的鐵路。

線路起自豐臺車站，由西直門經沙河、南口、進入居庸關，到達青龍橋車站，再過八達嶺隧道，然後沿軍都山山麓到康莊，穿越今官廳水庫淹沒區至狼山，進入懷來丘陵地帶，過土木、沙城，再從桑乾河支流的洋河谷地行進至雞鳴驛、宣化，最後抵達張家口。

八達嶺近青龍橋段，為了穿越燕山山脈軍都山的陡山大溝，在二十二公里線路區段內採用了「人」字形軌道，列車再用折返方法攀斜。另外還有四百公尺長的居庸關隧道和兩百公尺長的鋼架結構的懷來大橋。

　　此後，清代朝廷又興修了津浦鐵路，該鐵路北起天津西站，穿越河北省、山東省、安徽省、江蘇省，終於浦口站，全長一千多公里，為沿途各省的經濟政治發展作出卓越貢獻。

　　隨著近代交通工具火車、輪船、汽車相繼興起，鐵路、公路、航線不斷開闢，中國古代道路交通系統終於完成它的歷史使命。

閱讀連結

　　在京張鐵路於豐臺車站鋪軌的第一天，有一節車鉤鏈子折斷了，影響了部分列車的正常運行，也促使詹天佑決心對車鉤改造。

　　經過刻苦鑽研，反覆設計、修改，他終於改成一種新式的自動掛鉤，並在修築八達嶺「人」字形鐵路時被採用，在行車安全上發揮了重要作用。

　　這種掛鉤裝有彈簧，富有彈力，又不用人工聯結，只要兩節車廂輕輕一碰，兩個鉤舌就緊緊咬住，猶如一體，只要人站在線路外面抬起提鉤桿，兩節車廂就能分開，兼具方便的優勢。

交通巡禮：歷代交通與水陸運輸

代步工具 車馬與轎子

代步工具 車馬與轎子

　　中國古代由於幅員遼闊，知識和技術有限，各地自然條件不同，不同朝代不同地區使用的交通工具也有很大的差別。

　　其中，夏代奚仲製造馬拉木車，商周的獨轅車，秦漢的單馬雙轅車，兩宋時期的太平車、平頭車以及戰車，還有清代豪華舒適的轎子，都在中國歷史上發揮過重要作用。

　　無論是畜力還是人力的車子、轎子，作為傳統交通工具，它們都是中華民族發展中的組成部分，佔有不可或缺的重要地位。

▍夏代奚仲造馬車

■古代馬車

車輛為人類服務了幾千年，而中國夏朝初年的奚仲，在薛地創造出了用馬牽引的木製車輛，則被後世稱為造車的鼻祖、車神、車聖。

奚仲的馬車是中國古代科技史上一個偉大的發明，它不但解決了古代落後的交通問題，還促進了道路設施和社會經濟的發展，擴大了商貿運輸和文化交流活動，奠定了社會發展的基礎。

奚仲是中國歷史上夏王朝的異姓諸侯，據說是中華民族始祖黃帝的第十二代孫，他是魯國人，故里在今山東省棗莊西。

奚仲的先人黃帝曾經造了一輛木頭的車，可以裝載東西，奚仲聽說先人做的車就放在部落首領那，便和家人找來看，可看過後他卻覺得先人的車做得不算好，沒有多大的使用價值，於是只要一有空，他就思索起如何造車的事。

奚仲想好了初步的樣式後，叫上妻兒一造成山上去伐樹。

把木料運回來後，奚仲先粗略地仿照當年黃帝車的樣子做了個模型，之後便天天看著這個車子，仔細思索，不斷改造。經過很長時間的摸索，最後造成了一輛新車。

為了驗證車子是否堅固，奚仲叫年輕力壯的人把山下的亂石搬到車上。一塊塊石頭放到車上後，車子越來越沉，奚仲兩隻手臂架住兩邊的車把，推動車子，木車就「嘎吱嘎吱」地向前走動，車子過後留下了兩道深深的車轍。

奚仲又開始造馬車。他找一些人幫忙，從山上伐了很多樹木，在山下的一個開闊的地方造起了馬車。

幾個月下來，奚仲造出了一輛馬車，還給馬做了韁繩，把韁繩牢固地系在車兩邊的長桿上。很多人都來觀看奚仲造的馬車，奚仲便讓眾人看自己如何駕駛，並教給那些人駕車的技術。

奚仲發明的馬車是一種單轅式馬車，它是後來秦漢時期雙轅車的先驅。奚仲當時還沒有青銅配件，構成單轅車的各種部件應均是木製品。

馬車分別由輪、軸、輿、轅等部件組成。這是一種單轅車，由車輿下方向前伸出一根較直轅木，拉車的馬匹分別套

在轅木左右兩側。通常由兩匹馬駕駛，多者可用四匹，但絕不能用單數。

這種設計結構較為合理，各個部件的製作也有一定的標準，因而堅固耐用，駕駛起來十分靈便。

這種以木為主體結構的馬車雖然比較簡單，但已大大方便了交通運輸，不僅是貴族出行的重要交通工具，也被用於戰爭當中。

由於奚仲精通造車技術，在夏禹時被封為車正，統管部落所有的車馬，主管戰車、運輸車的製造、保管和使用，並被封在薛地，就是現在的山東省棗莊地區西部。奚仲在薛地開創了薛國。

在夏、商、周代時，薛國十分興盛。這裡物阜民豐，奚仲所統轄的地區很快地強大起來，成為夏王朝最為繁榮昌盛與文明進步的地區之一，不但是夏王朝的有力支柱與砥石，也是王室所需的運輸與交通舟車，以及糧食等物資的重要供給地。

薛國由於政治修明，經濟繁榮發達，加上交通便利，成為華夏文化交流中心。

奚仲所開創的薛國，是齊魯文化的重要組成部分，它與北辛文化、大汶口文化、龍山文化等一脈相承。

奚仲當年造車之處，據說就在棗莊市境內的奚公山下。

奚仲死後安葬之處在奚公山頂。

奚公山南麓為古代車服祠舊址，是專門祭掃奚仲的場所，這裡林木蒼翠，祠宇壯觀，並有溪泉長流。古時候，不少官員專程來奚山訪謁車服祠，留下許多祭奠奚仲的文字。

奚仲發明的馬車距今已有四千多年，在世界許多古老民族還在以牛馬為交通工具時，奚仲創造的木車已然馳驅在廣袤的華夏大地上，可以當之無愧地列入世界之最。

馬車的發明是古代科技史上的一件大事。以馬力代替人力，大大地解放生產力，提高交通效能，增強人們的地域拓展能力，有利於各地區間的聯繫和訊息交往，擴大各地間的經濟和文化交流，促進社會的進步與發展。與此同時，馬車的發明促進道路的發展。

閱讀連結

禹王得知奚仲造車的消息後前來查看，驚訝於車的堅固。

聽奚仲說只要現在有馬，就可以用馬來拉，禹王立刻叫人牽來兩匹馬用繩子套上。

奚仲手握韁繩，請禹王坐在車上後催動馬匹，馬車厚實的木輪便轉動起來。禹王的臉上露出滿意的笑容，並讚揚奚仲是部落最聰明的人。

不久，禹王封奚仲為車正，統管部落所有的車馬，還讓奚仲在出行的途中，建立第一個供車馬休息的車服祠。

禹王臨終前，把薛地封給了奚仲。奚仲在此建立了薛國。

▌始於商周的獨輈車

■古代的獨猿馬車模型

商周時期，是中國古代獨輈車發展的鼎盛時期。這種車在構造堅固，是最好的陸上交通工具，還在驛站傳遞、田獵出行，尤其是遠程征伐等方面發揮了非常重要的作用。

由獨輈車改進的各類戰車，從戰國時期開始由盛轉衰。由於當時的戰爭已由過去的中原戰場擴大到北方山地和江南地區，適用於平原作戰的戰車已難以施展其衝鋒迅速、攻擊力強的特長，戰車的地位開始下降。

據史書記載，商部落在相土時，畜牧業相當發達；相傳相土用槽餵、圈養之法飼養馬匹，將馬馴服並再加訓練，使馬能拉車馱物而成為重要運輸工具，被稱為「乘馬」。

據記載，西元前二〇一九年，相土用馴養的馬作為運載工具，將商部落遷到商丘，就是現在的河南省商丘市。商部落族的第七任首領王亥，學會用牛來駕車。他曾經趕著牛車到其他部落的地界去貿易。

夏代末年，商湯在伊尹的輔佐下，實施滅夏策略，在作戰中使用更多的牲畜和戰車、運輸車，最後討滅夏桀，建立了商王朝。

商王朝到了武丁時期，國力增強，軍隊駕馭大批獨轅車向南方拓展，一直深入楚國縱深地區。商的末代君主紂王，也曾頻繁出動大量獨轅車，把疆土向江淮地區拓展。商代獨轅車的使用十分普遍，車輛製造技術也有很大提高，能夠造相當精美的兩輪車了。由於兩輪車是一個車轅，所以稱為「獨轅車」。

獨轅車其實就是那時的戰車，通常可乘站立的兩三人，車廂後面留有缺口或開門，以便於乘者上下。

商代的馬拉雙輪獨轅車，由轅、衡、輿、軛、鑾、輪、軸等部件構成。轅的前邊有衡，衡的兩側各縛一個「人」字形軛，也就是駕車時套在牲口脖子的曲木，用以架馬。

這種車的長度超過三公尺，轅長在兩百五十六公分至兩百九十二公分之間。車軸長三公尺上下，兩輪間的軌距兩百一十公分至兩百四十公分之間，大多有十八根粗細均勻、排列有序的輻條。車軸與車轅交接處的上方是輿所在，平面長方形，四周有欄杆，可手扶。後邊有缺口，供乘車人上下之用。

交通巡禮：歷代交通與水陸運輸

代步工具 車馬與轎子

在商代，這種形制的馬車是最好的陸上交通工具。由於馬車堅固耐用、輕便快捷的性能在實用中得到檢驗，功能得到社會的廣泛認同，馬車使用的範圍逐漸廣泛。

商王及其大臣使用馬車代步，各地諸侯爭相仿效。為顯示其尊榮富貴，馬車裝飾也跟著精緻、華麗，包含或在車上髹漆，或配以銅飾；有的對馬頭及馬身，用不同質料的物件進行裝飾。這在當時已形成風氣。

至東周時期，馬拉雙輪獨轅車又有進步，但從形制上看，東周的車與商車基本相同，只是在結構上有所改進，如直轅變曲軌，直衡改曲衡，輻數增多，輿上安裝車蓋。

車馬配件上也更加完備，增加許多商時車上沒有的零部件，如銅鑾、銅軛、銅釭等。為求堅固，還在許多關鍵部位都採用了銅構件，如變木轄為銅轄，軔上包銅飾，並有一套用銅、鉛、金、銀、貝和獸皮條等材料製成的飾件和轡具，製作精美，名目繁多。

東周時駕車的馬由商時的兩匹增加至三匹、四匹，甚至六匹。車駕兩馬的叫「駢」，駕3匹的稱「驂」，駕四匹的名「駟」，駕六匹馬為「六騑」。其中駕轅的兩馬叫「服馬」，兩旁拉車的馬叫「驂馬」。

東周的車以駕四匹馬最為常見，多以「駟」為單位計數馬匹；又因先秦時經常車馬連言，說到車即包括馬，說到馬也意味著有車。

東周中期，馬車的形制已完善。製造一輛車需要多工種的合作，經過大小幾十道工作程序才能完成，因此，制車業

成為當時集大成的綜合性手工業生產部門，制車水準也是當時生產水技術和工藝水準的呈現。

東周馬車不僅是王公顯貴出行遊獵時代步和炫耀身分的工具，還是戰爭中主要的「攻守之具」。為了爭奪土地和人口，各諸侯之間經常發生征戰。當時正值春秋時期，諸侯爭霸，各國軍隊的主力是戰車兵，軍事編制以戰車為主，攻防的主要手段也是戰車，所以戰車數量的多寡將成為衡量一個國家強弱的標誌，故而當時有所謂「千乘之國」、「萬乘之君」之說。

為了增強軍事力量以贏得戰爭，各國都把先進技術運用到製造戰車上，各類戰車應運而生，成為當時的一道亮麗的風景。戰車按用途不同可分為幾個類型，例如戎路，它又稱「旄車」，以車尾立飾有旄牛尾的旌旗作為標誌，是主帥乘坐的指揮車。輕車，也稱「馳車」，用來衝鋒陷陣。闕車，即補闕之車，是用於補充和警戒的後備車。蘋車，車廂圍有葦草皮革為封鎖，作戰時可以避飛矢流石。廣車，是一種防禦列陣之車，行軍時用來築成臨時軍營。

這些戰車統稱「五戎」，用途歸可規納為三類，一為指揮車；二為馳驅攻擊的攻車，它是戰車的主要車種；三是用於設障、運輸的守車。

為揮戈舞劍之便，一般都會將戰車的車蓋去掉，有的還在車軸兩端的銅書轄上裝有矛刺，在衝鋒陷陣時刮制敵方的步兵。

　　馬車裝備的武器有遠射的弓矢、格鬥的戈戟、自衛的短劍和護體的甲冑與盾牌。主將所乘的旗車，還要設置「金鼓」和旌旗，主將或鳴金或擊鼓以指揮所有戰車的進退。旌旗標明主將所處的位置，它的樹立和傾倒成為全軍勝敗存亡的象徵。

　　每輛戰車還配備十多名步兵，分列在車兩邊隨車而動、配合作戰。作戰時，每五輛戰車編成一個基層戰鬥單位；車戰時，戰車先呈一直線橫列排開，相距四十公尺，左右十公尺，隊間六十公尺，使各車之間保持適當的間隔距離，既防敵車衝陣，也使各車行動自如，互不妨礙。

　　由獨輈車發展演變而來的戰車被廣泛用於戰場，車戰也在春秋時期曾經發揮重要的作用。隨著步兵地位的提高和騎兵的出現，戰爭開始由車戰向以步、騎拚殺為主的形式轉變，戰車逐漸失去以往的重要地位。漢代以後，曾盛極一時的車戰和戰車終於退出歷史舞台。

閱讀連結

　　相傳，春秋時期的齊國和衛國聯合起來討伐晉國，當時齊侯想誇耀自己車馬的豪華與精良，便事先駕上專車「廣乘」去約衛侯赴宴。

　　席間，齊國人謊稱晉軍來襲，齊侯便趕忙邀衛侯乘上「廣乘」，兩位國君因此合乘一車，車上甲士環列。跑了一陣子，齊人又報告沒有晉師到來，這才止住車馬。衛侯鬆了口氣，齊侯則為他的「廣乘」耐用快捷而得意洋洋。

後來，齊桓公之子曾以千輛車接力運輸財產，每車八次往返，可見其車輛之多且性能之好。

秦漢單馬雙轅車

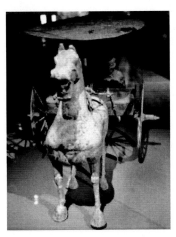

■漢代單馬雙轅車

秦漢時期是中國封建社會最早的大一統時期，統一的時間長、範圍廣，為交通工具的開拓與發展帶來空前的機遇。這個時期的車子有了很大的變化，獨轅車逐漸減少，雙轅車有了大發展。

西漢開始進入雙轅車大發展時期，東漢以後，雙轅車便基本上取代了獨轅車；車的種類增多，出現了獨輪車和改進的指南車。

交通巡禮：歷代交通與水陸運輸

代步工具 車馬與轎子

　　雙轅車的出現改變了獨轅車至少系駕兩馬方能行走的侷限，使單馬拉車成為了可能，從而使得中國古代的車由駟馬高車進入了單馬輕車的發展新階段。

　　迄今世界上最早的雙轅車模型，是在秦人墓葬中出土的。秦代雙轅車只需一隻牲口駕轅，整體大為簡化也更容易駕馭。

　　雙轅車的結構，除轅變為兩根外，其他各部位與獨轅車基本相同。雙轅開始仍為上揚曲身的形式，為防止車轅折斷，往往在車轅中部到軛輈之間加縛兩根木桿以加強固定，後來逐漸演變為平直的形式。

　　至漢代，雙轅馬車因乘坐者的地位高低和用途不同，細分為若干種類，主要有斧車、輜車、施轓車、軒車、軿車、輀車、棧車等。

　　漢代馬車的種類複雜、名目繁多，除上述幾種車外，見於記載的還有皇帝乘坐的輅車和金根車。據《續漢書‧輿服志》描寫，金根車上有「鸞鳥立衡」、「羽蓋華蚤」。

　　高級官吏乘軒車，這是兩側有障蔽的車。一般官吏乘「輜車」。貴族婦女乘坐輀車，車廂像一間小屋子似的。此外，還有許多供某種特定目的而製作的專用車輛類型。

　　漢代交通發達，除乘人的馬車以外，載貨運輸的牛車數量也大量增加。牛車自商部落時就有，因牛能負重但速度慢，所以牛車多用以載物；其車廂寬大，又稱「大車」、「方廂車」。

　　牛車最初是做生意的人用來載貨販運的運輸車，商部落首領王亥就曾經趕著牛車做生意。

古代中國以農業為立國之本，自古重農輕商，所以在大小貴族死後，隨葬品只用馬車，絕對不用牛車。

漢代車輿制度曾明確規定：「賈人不得乘馬車。」所以牛車在漢代就成為商人們運貨載人的主要交通工具，不少富商大賈擁有成百上千輛的牛車。

漢代以後，人們坐車不求快速但求安穩，直轅的優點漸漸顯出，直轅車也開始盛行，而曲轅車漸被淘汰。

漢代牛車也採用直轅形式，它支點較低，在平地上行車時遠比曲轅的馬車平穩安全，製作時可選用較粗大的木材，提高車轅的堅固性，無需像馬車那樣附設加固桿。

無論是乘人的馬車還是載物的牛車，皆須在較寬敞的道路上行駛，不適於在鄉村田野、崎嶇小路和山巒丘陵起伏地區使用，因此在東漢和三國時期出現獨輪車，這是種既經濟又實用的交通運輸工具，在交通史上是一項重要的發明。

根據歷史記載，諸葛亮北伐時，蒲元創造「木牛」為軍隊運送糧草。當時的木牛就是一種特殊的獨輪車。

獨輪車的特點是結構簡單，兩個把手前端架置一輪，把手間以橫木連接，形成一個框架，其上或坐人或置物，輪兩側有立架護輪。行車靈活輕便，一般只要一人推動，或加一人在前面拉曳，載人載物均可。

在狹窄的路上運行，其運輸量比人力負荷、畜力馱載大過數倍。

這種手推車也叫「雞公車」。「雞公」之得名，大概因為其形狀有點像公雞：一隻碩大的輪子高高聳起，像昂揚的雞冠；兩翼是結實的木架，堆放貨物；後面兩只木柄，被推車人提起置於胯旁，自然像張揚的雞尾了。

最初，手推車最正統的名字叫「轆車」。漢代井上汲水多用轆轤，而手推車就是由一個輕便的獨輪向前滾動，形似「轆轤」，所以稱其為「轆車」。至於獨輪車之名，要晚至北宋時沈括寫的《夢溪筆談》一書中才看到。

獨輪車是中國古代交通史上的一項重大發明，它以自身經濟而實用的長處，歷兩千餘年而未絕跡，至今在中國一些山野和鄉村中，各種樣式的獨輪車仍在使用；儘管它們的名稱各異，形制卻相差無幾，都是淵源於漢代的轆車。

特別應該強調的是，在單轅雙輪車的基礎上，三國時期的馬鈞還發明了指示方向的指南車。

馬鈞是一位卓越的機械發明家，他製造的指南車，是中國古代的一項重大發明。

在發明指南車之前，馬鈞聽到有人議論指南車只是遠古神話裡黃帝和蚩尤大戰時出現的東西，是虛構的，根本就不存在，聽了之後很不以為然。

他認為古時曾有過指南車，只是現在失傳了，只要肯下功夫研究，把指南車重新造出來並不難。於是他不怕譏笑，排除困難，經過長期摸索，終於研製成新的指南車。

馬鈞發明的指南車是一種由車子和一個小木人構成的指示方向的機械，車中裝有可自動離合的齒輪傳動裝置，並與

木人相連，木人有一隻手指向前方。不管車輛朝什麼方向行走，在自動離合齒輪裝置的作用下，木人的手都指向南方。

秦漢時期是中國車輛發展的黃金時期，出現許多種類的車輛，在中國古代車輛發展史上佔有重要的地位。

閱讀連結

東漢科學家張衡發明了記里鼓車。車分上下兩層，上層設一鐘，下層設一鼓。車上有小木人，車走十里，木人擊鼓一次，擊鼓十次，就擊鐘一次。

記里鼓車的原理，是利用齒輪機構的差動關係，記程功能是由齒輪系完成的。

車中有一套減速齒輪系，始終與車輪同時轉動，其最末一隻齒輪軸在車行一里時正好回轉一週，車子上層的木人受凸輪牽動，由繩索拉起木人右臂擊鼓一次，以示里程。

記裡鼓車的用途很狹窄，它只是皇帝出行時的儀仗之一。

▌兩宋時期的車輛

■兩宋時期的陶牛車

　　宋代陸路用的兩種重要的運輸工具，被稱為「太平車」和「平頭車」，滿足了當時短途運輸和長途運輸的需要。此外還有形制、構造各有特點的戰車。

　　太平車是從遠古流傳下來的一種古舊車輛，是中國古代造車工藝趨向成熟的結晶，宋代已有較統一的樣式，主要使用在中國平原地區。平頭車有廂無蓋，比太平車小，在當時被普遍用於長途運輸。

　　在宋代之前，隨著漢代以後士族階層興盛起來，乘馬車的繁文縟節使他們不能隨心所欲行事，不堪忍受之餘便將喜好逐漸轉向牛車，這樣即可享受乘車之方便與舒適，又不需再為各種禮儀所拘束。

南北朝時牛車盛行，據《魏書‧禮志四》記載，北魏皇帝出行乘坐的樓輦要由十二頭牛拉車，可見北朝使用牛車之盛。南朝比之北朝，也毫不遜色。

由於士族大姓們貪求舒適、醉心享受，各種高級牛車迅速發展，車輛也隨之發生變化。車速更快、車輿敞露，漢代那種為嚴格禮法所拘的「軺車」逐漸絕跡了。

顏之推在《顏氏家訓》中說，當時效野之內，滿朝士大夫「無乘馬者」，有的士大夫，從來就沒有見過馬。風習發展到極致處，甚至誰要是騎馬或乘馬車，還會被別人彈劾。這種狀況直至隋唐五代也鮮有變化。

至宋代，官僚們坐轎子的風氣漸漸興盛，高級車輛的製作和改進得不到重視，制車技術的重點逐漸由乘人的車轉到載貨的車；另外，由於宋代時期良馬奇缺，騾車和驢車占了重要地位。

北宋剛建國時，北方和西北就有強大的遼和西夏政權與之對峙，偏偏遼、西夏所控制的廣大地區都是產馬之地，這就造成北宋馬匹來源困難的處境。

而後金取代遼雄踞北方，最後北宋也亡於金的鐵蹄之下。及南宋建立，遷都江南，良馬奇缺，因此兩宋承襲隋唐舊習，駕車以牛為主，也有騾、驢。

自兩宋開始，乘轎之風漸興，達官貴人畏懼乘車之顛簸，醉心於坐轎的舒適，出行時但求安穩，不求快速。

當西方已出現轉向自如、輿間裝有彈簧的豪華型四輪馬車之時，中國還在沿用自漢代以來就一直使用的雙轅雙輪車。

交通巡禮：歷代交通與水陸運輸

代步工具 車馬與轎子

在此期間，歷代車制除了在車輿的形制和裝飾上有所變化外，基本形制無大改進。

宋代官僚們乘坐人抬轎子的風習漸興，乘車較少，宋代的制車業也以載貨運輸車為主。這種載貨的車，當時稱之為「太平車」。

太平車多由耐腐、耐震且抗碰撞的椿木、槐木等硬質木料打製而成，車底、內幫很厚，兩邊各有兩個木輪子，每個輪子都由一段段弓厚「鐵瓦」圍鑲輪邊。

鐵瓦又由若干大鉚鐵釘深深砸進車輪內圈，十分堅牢。雙幫的縱底木之間卡著車輪的鐵質橫軸，不影響車輪在雙幫之間轉動。四個軲轆轉起來，行駛中會發出「咕嚕、咕嚕」的聲音。

太平車的製造過程，一般分為開工、合車、鑄造鐵件、鑲嵌鐵器、刷油打泥。

其獨特的製作技藝，一是獨特選材與備料，包括木材挑選、備料、熏炕等工序，主要是為了選好用材以及對所選材進行強化處理；二是榫頭失蠟法，這是中國造車的獨特工藝，是古代車輛堅固耐用的祕密。

太平車是中國古代造車工藝趨向成熟的標誌，因為保持著商周時期獨輈車的雛形，所以被稱為「中國車輛活化石」。

宋代的繪畫中，就有不少這種太平車的形象。僅北宋張擇端著名的《清明上河圖》就描繪十幾種不同式樣的車，其中幾輛用四匹馬或兩匹健騾拉的大車就是太平車，其形制與文獻之記載完全相符。

從圖中可以看出，太平車的行走方式與以前的車不同，即由人駕轅、牲畜拉車，韁繩一端縛綁在騾頸的軛套上，另一端縛紮在車軸上。採用這種駕駛方法會導致車速很慢，正適於但求負載多，不求行車快的要求。

另外，它還具有載重量大的特點，非常適合用於在地勢平坦的地區短途運輸大批量的東西。當時擁有太平車者多是些富裕人家或商行貨棧。

宋代還有一種用於運輸載貨車，叫「平頭車」。

宋代文學家孟元老在《東京夢華錄》中這樣介紹平頭車：

亦如太平車而小，兩輪前出長木作轅，木梢橫一木，以獨牛在轅內項負橫木，人在一邊，以手牽牛鼻繩駕之。

平頭車是一牛駕轅，轅牛前有配套的三頭牛或四頭牛。車身高大，輪與車廂齊平，車廂上加拱形卷篷，在長途跋涉時防止貨物遭雨淋日曬。卷篷和車廂之間有一片隔板，似為堆放車伕的行李物品處。

平頭牛車均是幾輛車結隊而行，形成一支支有組織的長途運輸隊。這種牛車運輸隊在宋代極為普遍。

宋代以後的戰車同車戰時代的戰車不同，主要重點不是用於乘載士兵作戰，而是裝備各種冷兵器和火器的戰鬥車輛，種類比較多，形制構造各有特點。

在宋代文臣曾公亮和丁度合編的《武經總要‧器圖》中，繪有車身小巧的獨輪攻擊型戰車，包括運乾糧車、巷戰車、虎車和象車、槍車等。運乾糧車、巷戰車和虎車的構造相同。

代步工具 車馬與轎子

它們是在一輛獨輪車上，或在車前安置擋板，兩側安置廂板，或在車上安裝一個虎形車廂，以掩護推車士兵。同時在車的底座上和虎形大口中通出多支槍刺，以便在作戰時衝刺敵軍。

安有四輪的象車和槍車車身比較寬，象形車廂和擋板比較大，安插的槍刺比較多，主要是在野戰中排成車陣，用來衝擊敵軍的前陣。

南宋抗金將領魏勝在抗金備戰中，創造出了幾十輛拋射火球的炮車和幾百輛各安裝幾十支大槍的如意戰車，以及安有床弩的弩車。

魏勝製作的炮車、如意車和弩車君受到朝廷的重視，曾下令各軍仿造使用。隨著製造技術的日漸成熟，宋代出現火器和冷兵器相結合的戰車，如火戰車、火箭戰車、炮車和綜合型戰車等。它們的構造特點是在兩輪或四輪車上安裝大型木櫃或木架，架置各種火器和冷兵器，可發揮綜合殺敵的作用。

閱讀連結

宋室南遷後，宋高宗認為江南的氣候潮潤、路面濕滑，一些上了年紀的大臣騎馬出行，很容易滑倒被摔傷，轎子便成為了當時非常普及的交通工具。當時，從事醫卜星相的民間藝人也可以乘坐兩人小轎往來各地。

南宋姜夔的《鷓鴣天‧巷陌風光縱賞時詞》便描述了這一場景：「白頭居士無呵殿，只有乘肩小女隨。」

其中的乘肩就是指坐轎子，旁邊跟了一個小女僕從，很隨意的樣子。從詞中描述的生活畫面，可見乘轎在當時，是很常見的景象。

▍轎子的歷史興衰

■古代的轎子

在中國古代的交通工具中，有一種完全依靠人力的交通工具，那就是轎子。自南宋起，無論是達官貴人還是平民百姓迎親嫁娶都多乘轎子，轎子因此成了當時人們追求身分、地位的象徵。

轎子的種類大致分為官轎和民轎兩種，無論哪種對乘轎者而已都是極為安穩舒適，幾乎成為一種特殊的享受，不過在清末民初，轎子被轎車取代已日見沒落，呈現現代交通的雛形。

交通巡禮：歷代交通與水陸運輸

代步工具 車馬與轎子

據說，轎子的原形最早出現在中國四千多年前的夏朝初期。據《尚書》記載，夏朝始祖大禹治水時奔走四方，曾經就乘坐過轎子。但此後經過多年的發展，轎子在先秦時代還是很少見。

至魏晉南北朝時期，轎子的形制不同，名稱也各異，有「八扛輿」、「版輿」、「籃輿」等。北宋史學家司馬光《資治通鑑》說，這些不同形制的轎子，皆「人以肩舉之而行。」

東晉畫家顧愷之的《女史箴圖‧班姬辭輦圖》中，有八扛輿的形象。其轎身較大，可同時乘坐兩人，轎伕為八人。

八扛輿是一種高等肩輿，當時只有皇親王公才能乘坐，而民間通用的板輿，形制比較簡陋，只是把一塊方木板固定在兩根槓上，由兩人一前一後抬行，乘坐者則屈膝或盤腿坐在板上。

東晉時，乘轎子的人逐漸多起來。至隋唐時期，經濟文化高度發達，各類出行工具都派上了用場，轎子也受到前所未有的青睞。

盛唐時期，轎子的種類比魏晉時期要豐富許多，比如皇帝所乘的「步輦」，王公大臣所乘的「步輿」，婦女所乘的「檐子」，民間通用的「板輿」則是有各式各樣的。

唐代畫家閻立本所畫的《步輦圖》是最早紀錄的皇帝乘坐步輦的形象。畫中所繪是吐蕃贊普派其丞相到長安覲見唐太宗，求取文成公主一事。

婦女乘轎也始於唐代，她們乘坐的檐子是以竹篾編扎而成，形制已接近後世的轎子，不過乘轎的婦女僅限於朝廷命官的妻子和母親。

　　轎子以交通工具的身分普及要等到宋代。

　　從北宋初年開始，「輿轎」已流行於社會的各個階層，據《夷堅志》記載，一名鄉下老婦人去見親戚也是乘坐兩名村夫抬的輿轎，可見當時乘轎已很普遍。

　　北宋時有大臣上奏宋太宗趙炅，認為眼下普通百姓都乘轎不成體統，於是宋太宗規定「非品官不得乘暖轎」。暖轎是指轎頂使用布蓋，四周飾有布帷的封閉型轎子，又稱「暗轎」。

　　相傳，在北宋年間，歷經四朝的元老文彥博，因為年老體衰，與另一位身患疾病的名臣司馬光被皇帝特許乘坐轎子，屬於是優待老臣的恩典。

　　南宋時期，轎子的使用數量終於超過了車，各級官員偏重於坐轎，很少乘車，因為轎比車要平穩，可以免去路途不平造成的顛簸。朝廷還因此加強了對於轎子等級的劃分，同時取消對車的等級規定。這表示，南宋的上流社會已經把轎當成首要的出行工具。

　　宋代時期的轎子雖然同漢唐時期的轎子大同小異，仍兩人抬槓，但選材精良，以硬木為主，上雕花紋飛龍，造型美觀。

至明清時期，轎子發展為四人抬或八人抬，而且成為排場和面子的最佳載體，即使幾十步也要乘轎。大明官吏幾乎無一不是豪華轎子的狂熱痴迷者。

嘉靖時期，左都御史張永明上奏，彈劾南京太僕寺卿王某，因升光祿寺卿赴任，王某和家口坐八抬大轎三乘，四人大轎四乘，總共用了三百四十個扛夫和轎伕，一日花費差銀四十餘兩；從南京至陝西一千五百公里的路，浪費差銀不下千兩。

明清兩代，轎子幾乎成為中國交通的代名詞，「行到前門門未啟，轎中安坐吃檳榔」，關於轎子的等級制度和權力文化也在這個時期達到登峰造極的程度。

在古代，轎子分為官轎和民轎兩種。官轎是皇家、官員的主要交通工具，由於坐轎者身分不同，所乘的轎子也不同。

由於皇帝的地位特殊，他們坐的轎子分為許多種，例如禮輿是皇帝上朝時乘坐的，步輿是皇帝在紫禁城內巡行時乘坐的，輕步輿是皇帝去城外巡狩、視察民情乘坐的，便輿是皇帝在巡視時備用的一種轎，隨時以轎代步用的。皇帝平時在宮內出入，一般都乘便輿；冬天坐暖輿，夏天坐涼輿。

除皇帝的轎子外，不同品級的官員坐不同的轎子。官轎出府，常有隨從在前鳴鑼開道，四周還有侍衛人員，前呼後擁，展示官威。百姓見之，必須肅靜、迴避。

官轎所用的轎伕也分等級，官越大，抬轎的人越多。一般七品官多為四人抬，五品以上的官員可乘八人抬，皇帝出宮時是十六人抬，自然是最高的規格。

抬轎也是一門技術。抬轎子講究抬得穩，走得快，所以好轎伕都是經過專門訓練和長期鍛鍊的。尤其是四人抬、八人抬官轎的轎伕，是要有充足的體力的。

除去官轎，還有一種轎稱為民轎。通常來說，民轎的使用者大多是富戶人家。在民轎中還有一種被稱為「花轎」或「喜轎」的，專用於百姓婚事，擁有這種轎子的人多半是民間組織。

隨著封建社會被推翻與科學技術不斷地進步，除了在特殊場合，如某些傳統婚禮場合，尚能看到花轎外，這種落後的交通工具已經為時代所淘汰。

轎子的歷史興衰與社會思想和權力有很大關係，有人認為轎子是「以人代畜」違反道德，因此「皆不甚乘轎」。在等級森嚴的時代，與權勢長期結緣的轎子一旦走入民間，它的生命力便旺盛昂揚起來，具有豐富的色彩。

閱讀連結

古代在官衙裡當轎伕，多是子承父業，因為抬轎也是一門技術。

在衙門裡當轎伕有許多禁忌，首先是行轎時不能大聲說話，上肩、走轎、停轎全聽領隊的轎頭指揮。轎頭多用暗示，如起肩走轎喊一聲「起轎」。其次，上坡下坡時要拍轎槓，落轎後前面的轎伕要閃開，以便官員出轎。

　　此外，轎伕還要忌口，不能吃大蒜、生蔥和韭菜等有異味的東西，以防官員聞到，還不能大聲吐痰之類的，怕會讓官員聽到後感到不舒服。

▌清代豪華的轎子

■清代轎車

　　清代的王公貴族之所以越來越寵愛轎子，是因為坐在這種特殊的交通工具上，無車馬勞頓之苦，安穩舒適。

　　清代的轎子已經發展為四人抬或八人抬，皇帝出行時要十六人抬。但它作為清代等級秩序的重要標誌和主要交通工具，在社會生活中廣泛應用，反映出當時社會生活的情況與變遷。

　　由於官轎是權力的象徵，出轎的儀式異常的威風，也因轎子的顏色不同，昭示官員的地位也不同。

清人以弓馬得天下，清朝朝廷要維持所有滿族官員的尚武精神、保持戰鬥力，唯恐王公大臣乘坐轎子慣了，享於安樂而荒廢騎射之術，所以在清代初期，朝廷規定在京的滿族大臣不分文武一律乘馬，不準坐轎；一品文官如果因為年老或疾病不能乘馬，必須經過特許才可坐轎。

然而滿族官員不許乘轎的禁令在康熙時就已經鬆綁，乾隆朝時，乘轎更已成普遍的現象，只是仍然有嚴格的規定。

外省的漢人官員，諸如督撫、學政、鹽政、織造等三品以上的官員，可以乘坐八人大轎；其餘的從布政使到知縣，可以乘坐四人大轎；其他的雜職人員只能乘馬。

武官中，若是有將軍、提督、總兵，因年紀太老導致騎馬不便，可以上書朝廷申請乘轎。若是外官入京，一律乘車，不準乘轎子。

滿人官員乘轎的規定最為嚴格。親王和郡王可以乘坐八人大轎，但平日為了方便也是乘坐四人轎；親王、郡王、世子的福晉，她們乘坐的轎子規格以及轎上的各種裝飾，都有嚴格的規定；貝勒、貝子、鎮國公、輔國公，則是乘坐朱輪車轎。

一品文職大臣、軍機大臣乃乘坐四人轎；二品大員要等到年過六十歲才能乘坐轎子；蒙古王公則一律不準乘轎。其中咸豐年間被封為親王的僧格林沁，曾被咸豐特許乘坐轎，是屬於僅有的唯一特例。

至於平民百姓乘坐的轎子也有規定，必須齊頭、平頂、黑漆，帷幔也只能用皂色的布。

　　另外，清代還有一種用牲口抬的轎子，主要是用兩根長槓子架在前後兩頭騾子的背上，而中間的部分置轎廂，人坐臥其中，可以應對較遠的路程，名叫「騾馱轎」。

　　當時的轎車都是木製的，普通百姓坐的車用柳木、榆木、槐木、樺木等普通木料製作，而皇室和貴族坐的則用楠木、紫檀、花梨等上好木料做成。

　　轎車成型後，再髹以油漆，一般是栗殼色、黑色，好木料用本色油漆，謂之「清油車」。

　　載物的騾車叫「大車」或「敞車」，其車廂上不立棚，無車圍和其他裝飾。

　　一輛轎車由轅、身、梢、篷、軸、輪幾大部件組成。車轅為兩根圓頭方身的長木，後連車身、車梢，構成整個車的「龍骨」。

　　車廂坐人處一般用木板鋪墊，講究一點的則會在木板中心用極密的細藤繃扎，有點類似現在的棕繃床，其上再置車墊子。

　　在車轅前架有一短腳長凳，名「車蹬子」，平時架在轅前，乘者上下車時，便取下作為墊腳用。有的車轅前還橫置一根方形木棍，停車時，用以支撐車轅，以減輕牲畜所負的重量。

　　車廂上立棚架，棚上有卷篷，篷均用竹篾編制，外面裱糊一層布，布上再塗一層桐油，可防雨淋。車梢尾部較寬，用來放置行李箱籠，沒有行李時還可以倒坐一人。

車軸木製，位於車廂中部的重心上。車輞是用硬質木破成扇形木板、開榫拼接而成，中心以硬木為轂，用十六根木輻連接轂、輞而製成木輪，輪的拼接處再用大鐵釘釘牢，輪框和輞的觸地滾動部分都密釘大型蘑菇頭鐵釘。

豪華的轎子還有許多金屬飾件，如後梢橫木上的「填瓦」，車廂套圍子的「暗釘」、「簾鉤」，車轅頭的「包件」等。這些飾件多用黃銅或白銅刻花，豪華的還有用景泰藍、戧金銀絲的。

車棚是由木格搭成，外面還要包一層布圍以避風雨，這種布圍叫車圍子。無論是貴族乘坐的高級馬車還是平民乘坐的普通轎車，形制都沒有太大差異，主要的區分就在車圍子上，其用料、縫製工藝、顏色等都有不同。

豪華轎車的車圍子用綢子或錦緞製成，冬天用皮，夏季夾紗，嵌玻璃，繡珠寶，頂絡垂穗，裝飾華麗，變化萬千。車圍子在顏色上更是等級森嚴，不得僭越。皇帝用明黃，親王及三品以上的官用紅色，其餘用寶石藍、古銅、絳色、豆綠等色，各隨車主愛好。

平民百姓使用的轎車圍子只能是棉布或麻布製成，顏色也只能用青色或深藍色，但不論是高等轎車還是普通轎車，一般不用白色，因為白色是重孝的顏色，不能隨便使用。

車圍子左右還要開一個一平方尺的正方形小窗，上嵌玻璃，講究的車前後左右均開窗，最多的可以開十三個大小不一的窗戶，人稱「十三太保」。窗的形狀也各異。

車門設在前面，門上掛一個小夾板簾子，中間也嵌有玻璃，車內的人可以望到外面，夏天則換成細竹簾。

不上圍子的轎車，叫「光架子騾車」，一般不能上街，因為處決犯人時常乘這種車去菜市口刑場，所以再破的轎車也要上個圍子、鋪上墊子才能使用。

乘轎車之風興起後，各種名目的轎車也就隨之產生，如夏仁虎在《舊京瑣記》中所說：「舊日乘坐皆騾車也，制分多種：最貴者府第之車，到門而卸，以小童推之而行。『跑海車』，沿途招攬坐客。」還有奔馳於通衢，走長途涉遠道的專線運送乘客的轎車。

徐揚畫的《乾隆南巡圖》裡有一種馬拉的轎車，兩個車輪都在車轅的尾部，是一種特殊的形制，或許是皇家的獨享。

至清代後期，這種車已經很少用了，但在交通不便的地方，仍有人使用這種轎車。車的裝飾極為簡單，車廂立棚、外面覆以藍布幔帳，前面掛簾。

毫不誇張地說，「轎車」似乎是古代車馬最後的輝煌，隨著人力車和汽車在中國的出現，中國古代車馬也走到盡頭。

閱讀連結

轎子的種類有官轎、民轎、喜轎、魂轎等，使用上有走平道與山路的區別，用材上有木、竹、藤等之分，方式上有人抬的和牲口抬的，如駱駝馱的「駝轎」。

騾馱轎是清末民初流行過一陣的交通工具。騾馱轎是用兩匹騾子前後抬著，轎桿固定在騾背鞍子上，轎伕跟著邊走

邊吆喝。轎內坐人，大轎可坐三四個人；轎外夏包葦席或蒙
紗，冬季則是棉圍子。騾馱轎多用於山區或鄉間崎嶇小路。

交通巡禮：歷代交通與水陸運輸

信使之所 郵傳與驛站

信使之所 郵傳與驛站

　　中國古代通信歷史源遠流長，是世界上最早建立有組織的傳遞訊息系統的國家。

　　早在堯帝時，訊息傳遞就已見諸記載，而之後的各個時期，人們為了傳遞訊息，發明各式各樣的通信方式，如擊鼓傳聲、烽火報警、郵驛傳書等，代代相傳，至今已延續數千年。

　　古代的郵驛傳遞是以官府的文書和軍事情報為主，歷代朝廷為了提高郵驛速度，就在大道旁修建驛站備良馬和專職人員，並制定法規法令以確保郵驛的順利運行。

█先秦郵驛的濫觴

█雞鳴山古驛站遺址

在遠古時代，先民在為文明奠基的同時也創造資訊傳遞的雛形，而隨著社會發展和軍事、政治的需要，逐步產生和形成了專為官府傳遞公文的中國古代郵驛制度。

先秦時期的驛遞方式已經相當完備，具備一定的結構形式和迅速的工作效率，是中國郵驛的開端，為後來交通的發展奠定了基礎。

郵驛是中國古代的一種通信和交通形式；古時人們傳信的方式不如現代社會這樣容易，建立起來的系統卻不容小覷。對任何要求高度集權的政體而言，郵驛系統都是強化政治管理、提高行政效率的基本條件之一，甚至有人稱其為「國脈」。

在先秦時期，以步傳送稱作「郵」，以車傳送稱作「傳」，以馬傳送則稱作「驛」。為「驛傳」設置的中途停駐之站稱作「置」，為郵遞設置的中途停駐之站稱作「亭」。

這種由郵傳與驛站設施和機構組成的郵驛系統通常由朝廷管理，主要為政治、軍事服務，承擔傳遞文書、接待使客以及轉運物資的任務。

中國古代通信的起源很早。據古書《古今注》記載，堯曾經「設誹謗之木」；這種木製品形似後世的華表，既能在上面書寫對朝廷的意見又能作為路標，在各條道路的路口都有設置，大概是中國文字記載的向上表達意見的最早方式之一，也可認為是上古時代原始形式的上書通信。

至舜時設有專司通信的官。這些官員「夙夜出入」，到各地聽取民間意見，並把舜的意圖傳給大家；他們被稱為「喉舌之官」，實際上是當時起上傳下達作用的通信官吏。

這時候，上下交流意見、有組織的通信活動走向規則化，確立了納言制度。

至夏王朝時，中國中原地區進入了奴隸制社會，朝廷對道路修整和交通管理較為重視；正因為道路的通暢，夏代的命令才下達得迅速有效，使得王朝聲威大震。

在夏代，人們的通信活動也比以前複雜。

流傳下來的《尚書》說，每年春天，朝廷都會派出手執木鐸的宣令官，在各交通要道宣布朝廷的號令。這是中國早期下達國家公文的方式。

交通巡禮：歷代交通與水陸運輸

信使之所 郵傳與驛站

　　朝廷對國家進行各方面的治理，需要完善的通報組織系統，所以夏代設立了「牧正」、「庖正」、「車正」等官吏。牧正是專管畜牧的，庖正是管理膳食的，車正就是統管民間通信系統的官吏，負責天下「車旅」。

　　從夏代至商代，訊息傳遞發展得很快，商代的道路交通網路比夏代大大擴展，但也對道路管理極有嚴格的制度。甲骨文裡記載，為了旅途方便和防止不測，在通衢大道沿線，商代朝廷設立了許多據點和止宿之處，這就形成了最初的驛站制度。

　　起先這些據點稱為「堞」，大概是用木柵牆築成的防守工事；後來發展成為「次」，成為可以暫住的旅舍；再後來正式建立「羈」，是商王朝專為商王、貴族建築的道邊旅舍，不僅可以休息住宿，而且供應飲食。

　　據甲骨文記載，商代已有專門傳遞訊息的信使。商王出行時，他的身邊都要跟隨幾個信使，供他隨時向臣下發佈命令，地方頭領也透過這些信使向商王匯報情況。

　　西周時已有了較為完整的郵驛制度，而不同的傳遞方式會有不同的名稱，如以輕車傳遞者稱為「傳」，邊境上傳書的機構叫「郵」，讓善於快跑的人傳遞公函或訊息稱為「徒」。

　　西周的郵傳驛道上沿途設有休息站，如《周禮》記載，為接待來往信使，當時五公里設廬，廬提供飲食；十五公里有宿處，稱為委；二十五公里設市，市有候館。

　　西周朝廷中有一套相對完備的郵驛通信管理系統，天官塚宰是最高長官，下面依次是負責日常通信的秋官司寇，負

責緊急文書的夏官司馬，負責沿途館驛供應、交通憑證與道路管理地官司徒；負責日常通信事務的司寇下面還設置一系列專門人員，有大行人、小行人、行夫等。其中行夫是管理來往信件、信使的具體執行官。

西周時軍事上的烽火通信應用地較為普遍。烽火台正名叫「烽燧台」，燧是柴火和狼糞，用火點著發出狼煙，無風筆直上升，遠遠就能看見。

到了晚上，台上架起桔槔、上置大鐵籠子，內裝柴草。遇到有緊急情況，燒著後形成高聳入雲的大火。

從京城至邊境，所有烽火台連綴成線並派專人守望。邊境遇到敵國來犯，消息會很快傳到都城；都城遇難，消息也會很快傳到邊關。

西周郵驛的通信效率很高。據史書記載，齊國朝廷聞知地方諸侯有失政現象，會立刻乘「急傳」趕到齊都臨淄，制止他們的專斷行為。急傳能如此及時迅速地趕到，說明當時驛路的暢通。

春秋時期，各諸侯國日益強大、經濟同時迅速發展，通信設施也進一步完善，東周中央王朝和各諸侯國便爭相建設國道、通信設施和郵驛館舍。

齊國是春秋時期首先強盛稱霸的諸侯國，郵驛制度較完整。至齊桓公時，「三十里置遽委焉，有司職之」。遽指郵驛，委是儲備物資的所在，「有司職之」意為有專人負責。

信使之所 郵傳與驛站

楚國「以�傳命」也成為固定的制度，安排好驛站專用的車和馬，稱為「German車」和「German馬」。這時，單騎通信和接力傳遞開始出現，是中國郵驛制度史上的一次飛躍。

據《左傳》記載，西元前五百四十年秋天，鄭國公孫黑叛亂，正在都城遠郊辦事的相國子產聞訊立即趕回。因為怕乘普通的車耽誤平亂最佳時機，他臨時乘「遽」歸來，而這個「遽」，便是那時郵驛中新出現的速度最快的單騎通信。

接力傳遞的最初記載也是出自《左傳》。那是在西元前五四一年，秦景公的弟弟鍼去晉，在秦晉間開通了一條郵驛大道。每隔五公里設置一舍，換句話說，每輛郵傳車只需跑五公里便可交給下一舍的車輛。

從秦國的都城雍到晉國的都城絳，也就是從陝西鳳翔到山西絳縣，共計約五千公里，其間共需換一百次郵車。接力傳送信件，自然要比原來的單傳要快得多。

戰國時期，社會經濟發展迅速，通信事業也有了巨大進步，各諸侯國之間的交往空前頻繁，促使郵驛更加繁忙起來。

戰國時期的通信工具比前代有所進步。單騎通信越來越多，「遽」這個字也漸漸有了騎馬通信的含義。除國家重大事務交由專使去辦理而外，當時一般通信的權力下移，交給職務較低的下層官吏負責，這些人叫「信臣」。

戰國時期，簡書通信風行一時。這時的郵驛流行符信。當時驛途上還用過一種稱為「封傳」的證件，據考證，這種封傳就是後來的驛券，一種在驛道上行駛的證明。

戰國時期，符節的名稱和種類很多，就用途而言有路節、門前符節等；從形狀講，則有鷹節、雁節、龍節、虎節、馬節、熊節等。

　　持有符節的使者，在通信過程中擁有特權，如果遇到交通阻塞的情況，他可以優先透過；宣布戒嚴的時期，他也可以不受限制破例通行；他還可以迅速地見到君王。可與之相對的，他們的通信時間也有被嚴格規定，必須按時到達規定的地點。

　　先秦時期，除官方通信外，中國尚沒有正式的私人通信機構，一般百姓只能透過來往熟人捎帶書信，只有握有大權的少數貴族才可以握有私郵的權力，比如孟嘗君等著名的「戰國四公子」，建立起自己的通信聯絡組織。

閱讀連結

　　西漢史學家司馬遷在《史記・五帝本紀》中，記錄了黃帝「合符釜山」的傳說。相傳黃帝曾召集諸侯在釜山這個地方朝會，以相當於現代的護照和通行證件「符契」，驗合各諸侯的身分。

　　東漢史學家班固在《白虎通・瑞贄》中說，舜即位之初，「見四方諸侯，合符信。」

　　「符」是古代的一種交通憑證，多以金、玉、竹、木等製成，上面刻寫文字，分為兩半，使用時以兩半相合為驗，這就是「合符」。

　　史籍的記載，反映了文明初期資訊傳遞方式的進步。

秦漢郵驛制度化

■秦漢時期的古驛站遺址

秦國大一統的國家制度形成之後，在先秦郵驛體制的基礎上又進一步發展、完善。秦漢時期郵驛的主要特點在於制度得以確立，效率有所提高。

驛傳系統越來越完備，使臣出行、官員往來、政令頒布和文書傳遞的安全與效率都得到保證。這個時期有關驛傳的法律，例如睡虎地秦簡中的相關規定，對後世有深遠影響。

漢朝時隨著新領土的開闢，郵傳制度在更為廣闊的疆域內推行。

秦王朝強化了全國範圍的交通和通信網絡，統一郵驛的稱呼，把以前的「遽」、「馹」、「置」等不同名目統一稱為「郵」。從此，「郵」便成為通信系統的專有名詞。

秦王朝將通信工作納入法律範圍加以規範，如睡虎地秦簡《行書律》規定，文書可分為兩大類，一類為急行文書，

另一類為普通文書。急行文書包括皇帝詔書，必須立即傳達，不能有片刻稽留，普通文書也要在當日送出，不許積壓。

秦代時郵傳事務的傳遞者，身分更為低下，已經不再由士以上的官吏擔任，而轉用民間役夫。秦時特別重要的文書，規定由特殊的人員傳送，所經之處任何人不得阻攔。

為了保證途中不泄密，秦王朝作出若干法律規定，如不同的文件由不同的文字書寫，簡冊用大篆小篆，符傳用刻符，印璽用繆篆，幡書用鳥書，公府文書用隸書等。這些規定有效地防止文書的偽造。

秦代的通信網貫通東西南北，朝廷源源不斷接到各地情況通報，如秦始皇每天要閱批的奏章竹簡就重達六十公斤。靠此有效的通信系統，中央集權制度得以更加鞏固。

到了漢朝，高祖劉邦建漢之初就高度重視郵傳發展，建國伊始便率先修復戰爭時遭破壞的郵驛設施，而後西漢王朝的鞏固也得力於郵傳的便利，如英布叛亂時，正因為英布手下將領賁赫「乘傳」至長安及時向漢高祖報告情況，才使得漢高祖得以及時平定叛亂。

漢代時郵傳還用於國防。邊防上一些重要緊急文書，都是靠郵傳遞送的，就像漢武帝時大將李陵北征，兵達受降城，他馬上透過郵傳給武帝上書報告。

東漢時，西北的郵驛已然十分發達，並且出現「列郵置於要害之路，馳命走驛不絕於時月，商胡販客日款於塞下」的繁華局面。

交通巡禮：歷代交通與水陸運輸

信使之所 郵傳與驛站

　　兩漢朝廷都高度重視郵傳事業，有許多官職職能的設立跟郵驛制度直接關聯，例如少府中的尚書令和符節令專管朝廷公文和符節的分發和管理，大鴻臚兼管郵使的接待，御史大夫也兼管郵傳，對郵傳使者的憑證進行監察。

　　和郵傳關係最直接的是九卿中的衛尉，其屬下有官員叫「公車司馬令」，負責接待由傳車徵召來上書的民間賢士，所以又叫「公車上書」。三公中的太尉、府中的法曹也主管郵驛，負責郵驛規章制度的制定和一般管理。

　　漢代郵傳制度最大的進步是驛和郵的分流。到了此時，前代盛行的車傳已經逐漸被淘汰，騎傳成為長途通信的主要方式。

　　漢文帝時期，朝廷把原來稱為「郵」的郵傳設施改稱為「置」；「置」意思是根據測量出來的遠近來設置辦公機構，實際上是郵傳信使的中途休息站。

　　大約在漢武帝左右出現了「驛」，也就是輕便的單騎傳遞；這種以馬騎為主的信遞方式，便以「驛」正式命名。

　　至於原來的「傳」，這時大多表示國家招待所的意思，後來又乾脆稱為「傳舍」，變成專門迎送過往官員、提供飲食車馬的場所。驛加上傳，往往合稱為「驛傳」或「驛置」。

　　漢代的緊急和重要公文都由驛置來傳運，其中備有輕車快馬，傳遞快捷，隨時供兼程來往的驛使使用。驛與驛之間的距離一般為十五公里，又稱為「一置」。

除以馬傳為主的「驛置」外，漢代時還有一種短途的步行傳書方式，稱為「郵」；這種短途步行投遞書信的機構，稱為「郵亭」。亭，也作為步傳信使的轉運和休息站。

漢代的亭並不全是負責郵傳任務。兼管郵務的亭一般在交通要道沿線，內有專門負責傳書的「郵人」，而秦漢的亭則是地方基層單位，如漢高祖劉邦曾出任過泗上亭長，就屬於這種類型。

漢代的郵傳也與前期一樣主要是官郵。漢代沒有合法的私郵制度，私人之間通信聯繫相當困難，而官員之間互相的通信聯繫，往往需借助自己的權勢，透過官郵系統來進行。

漢代只有一些有權有勢的「諸侯王」可能設置私郵，如西漢初年有不少同姓王，而淮南王劉安便是一例。他的手下有不少賓客為他收集各地情報，自組一套通信系統。

兩漢的官郵制度很嚴格，郵亭的來往文書需要登記造冊，稱為「郵書簿」。來往郵路上的驛使或郵差有一定的服色，包含頭戴紅頭巾、臂著紅色套袖、身背赤白囊，在驛路上上十分醒目，有利於對專職郵使的識別。

漢代通信關禁制度很嚴格，沿驛路出入關口都要符信。在漢代又叫「過所」，是驛者和行人的身分證明和通行許可證。

漢代還有另一種以繒帛製成的符傳，用兩條書帛為之，過所驛者和檢查者各持其一，對合後方可過關。

　　漢代的軍事通信，通常是烽火通信和郵驛通信並行，因此兩漢時期有著發達的烽火通信設施。這些設施分佈長達一萬多公里，形成一道堅固的北境城防。

　　漢代烽火通信較為成熟，已有比較明確的規則，當時稱「品約」。品約由郡一級的地方機關制定。

　　品約規定，按敵情不同，把情報分為五品，即五個等級：敵人在十人以下者稱為「一品」，情況不會很緊急；敵人十人以上五百人以下者稱為「二品」，情況稍急；敵人有千人以上而且入塞者稱為「三品」，情況更為緊急；敵人千人以上而且攻打亭障者稱為「四品」、「五品」，情況至為緊急。敵情的不同級別，有不同的舉報烽火的信號。

　　軍事機構之間的通信使者一般由戍卒擔任，他們有時會作為烽火通信的替補，例如當天陰雨濕，烽火一時不能燃起時，軍方便會立即派出飛騎或快跑步遞向兄弟堡壘傳遞情報。

　　郵驛制度根據輕重緩急的不同情況規定信件的投遞方式，如「以郵行」就是步遞，「馳行」是快馬急傳的文件。這些規定都在郵件的封面上有寫明白，可以看出漢代的郵遞制度已經有了嚴謹的程式。

　　漢時對公文信件的收發規定同樣很嚴格，若投遞轉送中有失誤，要負法律責任。如果限制書到的日期但按期不到，則應受到法律的處罰。

　　綜上所述，秦漢時期的各種通信，已經形成一套完整的制度，保證了公文傳送的及時，從而維護朝廷政策的有效施行。

漢代郵驛通信的速度很快，在正常情況下，馬傳一天可行一、兩百公里，車傳則可行三十五公里左右，步行較慢，一天約可走二、三十公里。

據史載，東漢著名科學家張衡，製造出世界上最早的測示地震的地動儀。

有一天，地動儀西邊的一個龍頭的含珠掉落在蛤蟆嘴中，過了幾天，隴西就有驛傳飛馬來報，證實那裡確實發生了地震。

這個例子足以證明當時郵驛制度的完善，傳遞訊息迅速而且準確有效。

▌魏晉南北朝郵驛

■瀘州古驛站遺址

交通巡禮：歷代交通與水陸運輸

信使之所 郵傳與驛站

魏晉南北朝時社會動盪、政權更迭頻繁，但各國間交往密切，公文郵驛制度傳承發展並各有特色，在秦漢與隋唐之間的郵驛制度中具有過渡的作用。

在這個時期，公文郵驛的全國組織管理、傳遞機構、傳遞方式、傳遞速度以及關於郵驛的法律制度等，都有了新的發展，因而在中國古代郵驛史上佔有重要地位。

東漢末年軍閥混戰，中原地區非常混亂，正常的通信郵驛秩序被打破使得通信變得十分困難，直至曹操統一北方，這種局面才逐漸有了改變。

曹操和他的繼承人加強了對郵驛的管理，如魏文帝曹丕建魏後，在長安、洛陽、許昌、鄴、譙五個北方大城市建成五個軍事重鎮，稱為「五都」。圍繞這五都建立四通八達的交通通信網。

曹魏在郵驛的機構設置上基本沿襲東漢，但把主郵驛科的法曹歸屬於相國府。這個時期起草詔令、頒布密令由中書令執掌，一般的詔書仍由尚書台頒布。

西晉政權初步形成以三省共掌權力，所以尚書省負責日常文書的收發，屬下有右丞負責督促記錄文書，寫表奏事；尚書中有駕部都、客曹等。

晉代的地方政權仍是州、郡、縣，每個州在中郡以上各置從事一人，巡視郡國、督促文書，檢查非法，是州郡間負責文書傳遞的重要官員。州刺史對各郡的指示往往透過從事去傳達。

各郡有的有功曹掌管郵驛，有的則由督郵負責。每個縣都有承驛吏主管通信，由舍長主管傳舍，沿路的亭則由「亭子」負責。

南北朝在公文傳遞的組織設置上基本還是沿襲魏晉，公文郵驛系統設置也大致相同，設有尚書、法曹、客館令、公車令等官職，侍中主管詔書的封發。

魏晉南北朝是傳驛趨合的過渡時期；公文傳遞機構主要有驛站和水驛。

魏晉時期的亭傳、郵亭工作已經基本合一，但後來由於戰爭的頻繁，步遞逐漸淘汰，如有特殊需要，會派「步卒」專程前往遞送。

在傳、驛逐漸統一的過程中，兩者的區別主要表現在交通工具的不同，任務有時會有交叉。這個時期結束了秦漢時代的傳驛分設，開創了隋唐的館驛合一，具有承前啟後的作用。

曹魏的公文傳遞以驛為主，軍事文書很多，絕大多數交驛傳遞。緊急軍情，如羽檄也由驛傳送。

魏晉的公文驛遞方式主要以專遞為主，並交由驛馳行。晉朝時一般文書或檄文交驛傳遞，但不派專人，如淝水之戰後，前方向東晉首都發去驛書，捷報就是交驛傳遞。

晉代對送信的人稱為「信」，與現代的用法完全不同；傳遞過程則與漢制類似。此時對驛路有所修整，如東晉在廣州一帶的驛路兩旁種植官柳。

驛，除遞送文書外，還廣泛用於徵召、口頭通知等事宜。公文傳遞工具主要為車馬還有船；由於驛馬為主要工具，所以稱「匹馬之驛」。驛有急緩之分，普通公文發驛叫「乘驛」。

這個時期，南方經濟漸漸開始發展，中國古代郵驛道路的範圍也跟著擴展至此，最為突出的是出現了水驛。南朝驛路或是水、陸兩途，或是水陸相兼，不少公文運輸都經由水路，例如東吳的統治中心在江南水鄉，當時公文傳遞的驛路是水陸兼行。

魏晉南北朝時期，公文傳遞方式以專人送信為主，接力傳遞的記載較少。魏曹時驛置與傳舍只是提供食宿、替換馬匹；通信人員往往跑完全程，中途換馬不換人，專使級別也比較高。

南朝詔書由侍中封發，為了文書的安全，一般要加個「如」字，指公文以最快的速度運行，作為象徵標準，或許晝夜兼程，接力運行。

地方上報的公文要嚴格按照縣、郡、州的次序依次轉遞。為了便於推算文書從發出到接收的日期，每個州距離國都的距離，都要根據實測做出明確記錄，而從現有史料看，記載最為詳盡的最早當屬南朝。

魏晉南北朝時期時關於郵驛的法律制度有了新的發展，出現中國歷史上第一部郵驛專門法令，這就是魏國的《郵驛令》，此為魏文帝時由大臣陳群等人制定的，內容包括軍事佈陣中的聲光通信、傳舍規定以及禁止與五侯交通的政治禁令等。

閱讀連結

諸葛亮是三國時期著名的軍事家，在他留下的《兵要》中記載了諸葛亮治軍臨戰所用聲光通信的五色旗法。

先行軍手持五色旗，以變換旗色標誌告知後面大軍前面的道路情況：「見溝坑揭黃，衢路揭白，水澗揭黑，林藪揭青，野火揭赤。」

意為若有溝坑則舉黃旗，通暢的大道舉白旗，遇有水澗舉黑旗，有樹林擋道舉青旗，遭遇野火便舉紅旗。

五色旗法在行軍途中特別適用，說明諸葛亮在軍事指揮中十分重視這方面通信的效應。

▌兩宋郵驛制度

■盂城驛古驛站遺址

信使之所 郵傳與驛站

宋代建立了中央集權的國家後，中國郵驛事業又有了進一步發展。

在這段時間，由於宋朝與北方的僚之間有頻繁的互動往來，順應需求，郵驛也漸漸趨向軍事化，意及凡是有官府文書送到，應當立即傳遞，不分晝夜、風雨無阻。

兩宋時期，傳遞朝廷公文和書信的機構有很多名目，總稱為「遞」，又分步遞、馬遞和急腳遞數種。

北宋以前的郵驛，都是以百姓做驛夫，給百姓增加很大負擔，宋太祖趙匡胤決心革除這項弊端，便在建國第二年下令「詔諸道郵傳以軍卒遞」，其後更設置專門的驛卒，並逐漸成為定制。

北宋的驛卒稱為「遞夫」、「鋪兵」，一般是由地方的「廂兵」充任，為傳遞文書的主要人員。驛卒有較好的待遇，同時大大減輕百姓的責任。

南宋時期，在東南沿海和北邊的沿防地區先後建立了「斥堠」，這也是一種使郵驛通信軍事化的措施。

「斥堠」原來指邊境上的哨兵，駐地常常選擇在高地，便於瞭望觀察。此時把瞭望、偵察和通信傳遞三者結合起來，建立一種帶有軍事性質的「斥堠鋪」，以傳遞軍事緊急文書為主，為軍事服務。後來，宋朝廷又置「擺鋪」，仍由鋪兵擔任通信業務，和斥堠鋪互為補充。

宋代的郵驛傳遞，主要有三種形式：一是步遞；一是馬遞；另一就是急腳遞。

步遞用於一般文書的傳遞，是接力步行傳遞。這種傳遞同時承擔著繁重的官物運輸的任務，速度較慢。

馬遞用於傳送緊急文書，一般不傳送官物，速度較快。因負擔這種傳送任務的馬匹大部分都是軍隊挑選剩下的老弱病馬，此方式也不是用最快的速度承擔最緊急文書的傳遞。

急腳遞傳遞形式是從宋真宗時候開始的，最早用於軍事上，本是邊境上的一種快速傳信形式，速度最快，可以日行兩百公里，後來又設「金字牌急腳遞」，據說可以日行兩百五十公里；宋代傳遞官府文書的驛站通稱「急遞鋪」。

在北宋真宗時對遼與後來宋神宗時對南方交趾的戰爭中，都使用過急腳遞；宋神宗時還在從京師開封至廣西沿線設置專門的急遞鋪。北宋與西夏的戰爭，也曾利用過急遞鋪傳送緊急文書。

宋代建立之初，延續下來的各地郵驛制度相當混亂，有些朝廷驛使官員可任意加重驛夫負擔，命他們帶包裹負重奔馳，有些驛路管理官吏受賄濫發驛券，以致驛道任務超度繁雜，驛站不堪負荷等。為了整頓這種情況，宋朝廷根據樞密使韓琦建議，制定了「驛券則例」七十四條並頒行天下。這一則例又稱《嘉祐驛令》。根據此令，在刑法中又增加了若干細則加以規範。

至南宋時期，由於郵驛的發達涉及社會生活面較廣，也就形成自己一套完整且專門的通信法規，這就是《金玉新書》。

這部法規涉及的範圍很廣，嚴格地維護官方文書的不可侵犯，如《金玉新書》規定：盜竊、私拆、毀壞官書者屬犯罪行為，都要處以刑罰，若盜竊或泄露的是國家重大機密信件，則處以絞刑。

涉及邊防軍事情報而敢於盜竊或泄露信件內容者斬；教唆或指使犯法者也同樣處以斬刑。盜竊的若是一般文書，按規定也屬於觸犯刑律。

《金玉新書》對驛遞過程中的驛遞程限、各種傳遞方式中發生的失誤，皆有具體的律令規定和不同的量刑標準，如處罰郵件失誤的量刑中，步遞最輕，馬遞次之，急腳遞最重。計算路上走驛和行程、誤期的量刑，則以日計算，不同的天數有不同的刑罰。

宋代允許私書附遞，即隨公文一起傳帶家信，使通信範圍大大擴大，而這也是中國古代郵驛制度史上的一次重大變革。私書制度始行於宋太宗時期。宋太宗為籠絡士大夫官員，特別恩準官員在近系家屬之間，可以隨官方文書一起傳帶家信。

後來的宋仁宗曾下詔令：官員傳送私書，不得影響和干擾國家急遞文書，只是後來制度逐漸鬆弛，大量私人書信都透過急遞鋪附遞了。

許以私書附遞，士大夫中書信往來猛然增多，宋以後名人的文集中「尺牘」體裁的文章驟然多了起來，例如陸游的尺牘就很有名。隨送的私書多了，私人通信也普及起來。

閱讀連結

宋代的「金字牌急腳遞」原是一張通信憑證，憑此可在驛路上通行無阻，然而就曾經有中級官吏的兒子冒充驛官、索乘驛馬，並以私買的馬纓假充憑信，擄掠官吏財物多起。

此案後來被地方官識破，才設計捕獲。

朝廷對此十分震驚，決定把紙券改為銀牌；這種銀牌闊兩寸半，長六吋，有隸字書，刻有飛鳳和麒麟圖樣，兩邊有年月，後來又發展為金字牌、青字牌和紅字牌三種。

南宋時期就曾經以這種急行通信的方式，比如用十二道金牌勒令岳飛退兵。

元代站赤制度

元代建立了歷史上疆域最大的帝國。為了適應廣大領域的統轄，這個朝代在郵驛方面進行許多改革，不僅把驛路範圍擴大，還建立了站赤制度。

元代在全國遍設站赤，構成以元大都為中心的稠密的交通網。大致從元代起，站赤就已經成為了驛站的同義詞；元代郵驛系統的實際效能，在當時十分具有領先於世界的水平。

交通巡禮：歷代交通與水陸運輸

信使之所 郵傳與驛站

■古驛道浮雕

元世祖忽必烈統一中原後，在遼闊的國土上建立嚴密的站赤制度，使得郵驛通信更加有效地發揮效能。

所謂「站赤」，是蒙古語「驛傳」的譯音。站赤制度是一種系統而嚴密的驛傳制度，其中包括驛站的管理條例、驛官職責、驛站設備以及對站戶的賦稅徵收制度等。

站赤分陸站和水站。

陸站有馬站、牛站、車站、轎站、步站之別；北方使用雪橇地區間甚至有狗站。

水站中又有海站。

據《元史》所載，中書省計陸站一百七十五處，水站二十一處，牛站兩處。河南行省陸站一百〇六處，水站九十處。遼陽行省陸站一百〇五處。江浙行省馬站一百三十四處，轎站三十五處，步站十一處，水站八十二處。江西行省馬站八十五處，水站六十九處。湖廣行省陸站一百處，水站七十三處。陝西行省陸站八十處，水站一處。四川行省陸站

四十八處，水站八十四處。雲南行省馬站七十四處，水站四處。甘肅行省馬站六處。

總計全國站數約一千四百處。加上嶺北等處，應在一千五百處以上。

陸站間的距離，從二、三十公里至上百公里不等，如果站程相距較長，中間便會置有邀站以供使者暫息；每站當役的上戶及所備馬、舟、車等交通工具的數目，視其繁忙程度而定，通常為一百多戶，最多可至兩、三千戶不等。

步站置有搬運夫，專司貨物運送。

各驛站設有驛令和提領導驛官。大站設有驛令、提領多人，小站只設提領一人。驛令以雜職人員擔任，受敕、給俸；提領由地方提調長官從本處站戶中選任，只受部札，不給俸祿。

此外，每百站戶又設有百戶一名，每站又設司吏二至三名，皆由現役站戶充任。

在江南地區，又特命色目人、漢人任提領，由本處站戶一名充任副使。在重要的城市或交通樞紐地區的站赤，又設有「脫脫禾孫」，也就是稽查官，專職負責稽查使者真偽及人員、物品是否違反規定乘驛。

這些驛官的設置，對元代郵驛發展具有正面的效果。

事實上，元代具體負責通信的人，身分複雜，來源各不相同，有從朝廷直接派來的，也有地方派的，他們統稱「使臣」或「驛使」。

從身分來說，其中有王公貴族，也有州縣官吏，甚至還有低賤的百工匠人。這些人是元代傳送官方文書的主要人員。

按元代官方規定，當時朝廷通信有兩條傳送的渠道：一是「遣使馳驛」，即上述這種專使的傳送；另一種叫「鋪兵傳送」。前者送的是有關國之大事的文書，常為馬驛，後者傳送的是有關日常小事的文書，通常為步驛。

因為身分和品級的不同，元代規定驛路上「使臣」的給驛標準也不同，路上的食宿供應標準也按品級給予不同的待遇。

元代和宋代一樣，也通行馳驛的牌符證件，常見的是金銀字圓牌，還有一種叫「鋪馬聖旨」的證明。

金、銀字圓牌是緊急馳驛的證件，專門遞送軍情急務。這種印信有漢字、畏兀兒字和八思巴文，上刻有「天賜成吉思汗皇帝聖旨疾」字樣，由中書省發給驛使作為憑證使用，事畢繳回。

元代還有一種特殊的「海青牌」，是一種青色牌符，也用於傳送緊急軍情。「鋪馬聖旨」，又稱「鋪馬札子」或「給驛璽書」，是一般文書的傳送印信。

鋪馬札子是一種蓋上皇帝大印的紙製品，由中書省印發；這種證件最初用蒙古文字印製，後來因各地驛站多不認識，改為馬匹圖形作為標誌。

這些鋪馬憑證，至明代初期時統稱為「驛券」。

元代透過驛路和西方有頻繁的往來。當時中西國際驛路共有三條：一條從蒙古通往中亞，另一條是通往葉尼塞河、鄂畢河、額爾齊斯河上游的驛路，第三條為經過河西走廊通往中亞、歐洲的傳統絲綢之路。

元代國際驛站都備有驛舍，是招待使臣住宿的房舍，並負責給使臣配備交通工具，陸行有馬、驢、牛，水行有舟，山行有轎。這些交通設施構成龐大的驛路交通網。

元世祖在統一南北後，抽出一部分人戶充當專門的站戶。這些站戶從民戶中分離出來，不入民戶戶籍，登入站戶戶籍。一經登記便須世代相承，不能改變。

站戶要供應各驛站來往官員的飲食與使臣的交通工具。當時主要是馬，有的地方則為牛、驢、狗，加上車輛等，還包括常年的飼料、馬具和車輛的配件。

站戶同時需要負擔驛站的勞役，如為使臣充當嚮導、車伕、船伕、搬運工等。這些差使都是無償的，還要自備飲食。

元代站赤制度完備是中國歷史上少見的，但它對維持朝廷在全國廣大地區的統轄具有重大的作用。尤其對發展中國邊疆地區的交通有正面的效果。

閱讀連結

早在成吉思汗時期，就在西域地區新添許多驛站。成吉思汗的兒子窩闊台即位後，下令整頓地區驛鋪，建立周密的驛站制度。

　　據說在窩闊台時期，從契丹國到哈剌和林，每隔五驛程就有一站，共三十七站；他們在每個驛程上設置一千戶以守衛那些站，每天有五百輛載著食物和飲料的大車從各方到達哈剌和林，然後儲於倉中，以便取用。

　　成吉思汗長子術赤之嫡次子拔都，更把蒙古的驛路一直橫貫至歐洲，形成聯絡歐亞大陸的一條長長的驛路。

▌明清時期的郵驛

■戚繼光快馬送信雕塑

　　明清時期是大一統的專制政體更為成熟的時代。朱元璋立國之初，很快就下令整頓和恢復全國的驛站，大力從事邊疆地區的郵驛設施的建設。

　　清代郵驛制度經歷重要改革，最大的特色是「郵」和「驛」的合併，並且進一步開闢邊疆驛道，增設郵驛機構。

明清時期驛傳制度的進一步改革和完善以及邊地郵驛的開通，是其進步的標誌；在中國古代歷史上影響深遠。

明太祖朱元璋在一三六八年建國稱帝的第二十二天，就下令整頓和恢復全國的驛站。次年，他又頒詔，把元代的「站」一律改稱為「驛」，將全國兩百三十多處不雅的驛名改得更為雅緻。

與此同時，明太祖還大力從事邊疆地區的郵驛設施的建設。除西南雲貴地區外，明朝朝廷在中國東北、北部和西北邊疆地區都開闢驛道、設置驛站，大大加強中央和邊疆地區的聯繫。

明代為了加強對東北邊疆的統治，在遼東地區廣設驛站。以遼陽為中心，輻射有四條驛道幹線：一條南行至旅順口，途設十二個站；一條西南行至山海關，途有十七個驛站；一條北往開原，計五個驛站；另一條東南行抵九連城，共七個驛站。

在各驛站俱設驛兵、轎伕、船車、馬驢等。

明朝朝廷還在西藏地區加強了驛道建設。西藏在元代時仍稱吐蕃，元代時藏區共設大驛站二十八處，小站也約七、八處。為加強漢藏地區的聯繫，明朝朝廷多次下令恢復和修建西藏通內地的驛路和驛站。

一四○七年，明朝朝廷曾命令藏區的闡化王、護教王、贊普王和國師率川藏諸族合力恢復驛站，開闢雅州烏斯藏的驛路。這是一條繼甘藏驛路後又一條從內地到烏斯藏的新驛路。

這條驛路交通方便，沿途衣食供給十分豐厚，既保證了明朝朝廷對烏斯藏地區詔書、旨令、文書的暢達，也有利於西藏對內地的經濟文化交流。

明代在東南海疆也設立對外經濟往來的驛所。明成祖時在廣東設懷遠驛，福建設來遠驛，浙江設安遠驛，專門負責接待外國使臣和商人。

明代的法律大典《明會典》記載：

自京師達於四方設有驛傳，在京曰會同館，在外曰水馬驛並遞運所。

這條記載說明，明代的「會同館」是當時設在首都北京的全國驛站的總樞紐。

會同館有兩種職能，一是起郵驛傳遞書信的作用，另一是同時起著國家級的高級招待所的作用；這裡可以供外國使節和王府公差及高級官員食宿。

有些明代地方館驛需負責接待中外客人，如東南各國客使必先在當地驛站暫住後，才轉乘官舟北上。

在明代的郵驛事務中，有一件新興事物是必須大書特書的，這就是民信局的興起。所謂「民信」，當然是指民間自發經營的通信組織。

中國民間經營的通信組織是從明代永樂年間興起的。那時候由於商品經濟的發展，不少大商人間需要業務上的聯絡，還有更重要的貨物集散與資金匯兌，這些需求都需要有一種聯營的組織來承擔。這便是民信局得以產生的歷史背景。

民信組織從那之後在各地擴展開來，而在清代中期以後達到巔峰，不僅遍及國內各大商埠，還把業務擴大到東南亞、檀香山等華僑聚居地帶。

　　清朝建立後，郵驛制度經歷了重要改革，其最大的特點是「郵」和「驛」的合併。

　　在清代以前，雖說在某些文書上常常「郵驛」合稱，但實際上，這兩者是職能不相同的組織機構，要等到清朝朝廷將這兩種組織融為一體，將驛站從間接地為通信使者服務，變成直接辦理通信事務的機構，簡化了通信系統，才確實提高了工作效率。

　　據記載，清代通信的時限達到歷史上最快的速度。在以前，一天一夜最多跑兩百至兩百五十公里，可清代的馬遞傳送公文最快可達三、四百公里，如康熙年間平定吳三桂三藩叛亂，從大西南到京師傳送軍事情報總共兩千五百公里的路程，快馬通信只需九天即可到。

　　與此同時，康熙派施琅收復臺灣，從福建報捷到京師，路程兩千四百多公里，也差不多是九天內遞來消息。

　　清朝朝廷在東北、北部、西北和西南邊疆地區，開闢了許多新的驛道，新設了若干郵驛機構。

　　這些機構隨地區而名稱不同，大部分稱「驛」，軍用稱「站」，新疆、甘肅地區稱為「塘」，北方蒙古地區稱為「台」，甘肅一部分地區又稱為「所」等。

　　清代東北地區的郵驛發展最快。

交通巡禮：歷代交通與水陸運輸

信使之所 郵傳與驛站

　　清代歷代帝王特別重視當地的郵驛建設。康熙帝曾說：「此乃創立驛站之地，關係重要。」他在位時，在黑龍江省共設驛站二十個，雍正時又增設十站。

　　黑龍江通往北京的直達驛道共有五條，各從齊齊哈爾、瑷琿、珠克特依草地為起點，都長達一千五百公里左右。從齊齊哈爾直通京師的驛道，俗稱「大站路」，又稱「御道」，是專門用作為皇帝進貢的道路，也是官府奉公馳驛專用的道路。

　　青海地區的郵驛在清代也有很大的發展。至乾隆時建成五條主要驛道，全青海共有驛站二十四個，遞運所三個，驛夫共四百八十餘名，驛馬五百九十二匹。

　　清朝初期，為了平定準噶爾叛亂，康熙也加緊在蒙古地區建立驛道和驛站，在那裡先後建置了四十七個驛站，分佈在喜峰口、張家口、古北口、殺虎口外。

　　康熙、乾隆兩朝在新疆地區也設立了郵驛機構；剛開始，為了加強準噶爾戰爭中的軍糧運輸，康熙在從嘉峪關到哈密沿線設立十二個驛台，後陸續向西不斷推進。

　　至乾隆時，共有驛台一百二十五處；此外尚有一部分郵驛機構稱為「營塘」。從巴裡坤至烏魯木齊、烏魯木齊至阿克蘇、阿克蘇至烏什、從葉爾羌至和田、從精河至哈密，總計驛台和營塘達至兩百八十五個，由總管新疆的伊犁將軍總稽查。

清代在西南邊疆地區，大力發展郵驛事業。至乾隆時，貴州境內驛站達至二十三個，主要為遞送朝廷公文及運輸軍糧。此後驛道不斷改進，同時也使商旅的交往更為便利。

歷史的發展是任何力量無法逆轉的。伴隨封建制度發展的舊式郵驛，自然也出現了許多無法彌補的弊端。古老的中國，舊式郵驛最終被新式郵政所取代。

閱讀連結

明太祖朱元璋在立國之初就規定：不是國家與軍事大事，一律不許濫用驛馬或動用驛站的郵遞設施，但仍有人明知故犯，不把朝廷的法規放在眼裡。

有一個曾經是開國功臣封為吉安侯爵的陸仲亨，從陝西返京，就不顧王法，擅乘驛傳。

朱元璋為此龍顏大怒，斥責陸仲亨說：「中原歷經戰患，人民剛剛過上安定生活，驛戶好不容易買上馬，生活還十分艱苦。若都像你這樣所作所為，百姓即使賣兒賣女，也不能滿足奢望的啊！」

陸仲亨因此不再被重用。

交通巡禮：歷代交通與水陸運輸

王朝命脈 漕糧與漕運

王朝命脈 漕糧與漕運

　　漕運是利用水道調運糧食等物的一種專業運輸。中國歷代封建王朝將征自田賦的部分糧食經水路運往京師或其他指定地點。

　　這種糧食稱「漕糧」，漕糧的運輸稱「漕運」，方式有河運、水陸遞運和海運三種。運送糧食的目的是供宮廷消費、百官俸祿、軍餉支付和民食調劑。

　　漕運是中國歷史上一項重要的經濟制度，在中國漫長的封建社會中，漕運是維繫朝廷經濟命脈的關鍵之一，對維護國家政治穩定、推動經濟和文化的發展，均產生不可估計的作用。

▋春秋戰國時期的漕運

■蘇州古運河

　　春秋戰國時期，各諸侯國順應時代、社會與經濟發展以及戰時運糧運兵的需要，積極發展漕運事業，如疏通、開鑿和利用胥河、邗溝、菏水、鴻溝等。

　　這些水利工程規模之龐大、成效之顯著、設計之合理、技術之先進，都在中國漕運史上有著重要的地位，並在推動社會生產的發展和促進經濟文化交流上具有重要作用，產生巨大的效益。

　　春秋時期，吳國在伍子胥等人的努力下，逐漸強盛起來。

　　吳國地處長江下游，河網縱橫，交通全靠水路。吳國的造船技術在當時已能建造各式大中型艦船，舟師是吳軍的主

力，而它也和當時的其他諸侯國一樣，力爭稱霸諸侯，做天下盟主。

吳王闔閭為運輸伐楚所用糧食，命伍子胥於西元前五○六年開挖胥河，船舶可以藉此從蘇州通太湖，大大縮短從蘇州至安徽巢湖一帶的路程。

胥河是中國現有記載最早的運河，也是世界上開鑿最早的運河。從蘇州通至太湖，經宜興、溧陽、高淳，穿固城湖，在蕪湖注入長江。

吳打敗楚國後，繼而又攻破越國，迫使越王勾踐臣服於吳。取得兩次勝利後，夫差認為吳國在長江流域的霸主地位已經確立，決定進一步用兵北方，迫使北方諸侯也聽從他的號令。

但在當時，長江淮河之間無直接通道，北上用兵需由長江出發入海，再繞道入淮，航程過長，海浪過大。因此，吳國決定以人工河溝通江淮。

吳國過去連年攻楚，吸收楚國發展航運的技術，再根據過去先後在國內開鑿溝通太湖和長江的「堰瀆」和太湖通向東海的「胥浦」的經驗，因地制宜地把幾個湖泊連接起來。

伍子胥開鑿的胥溪和這次開鑿的胥浦，成為後來隋代大運河最早成形的一段。

西元前四八六年，吳王夫差下令在邗城開挖深溝，引長江水向北入淮河，溝通江淮，以水路運糧運兵。這就是漕運的開始。

王朝命脈 漕糧與漕運

　　因為漕運最初的目的就是要運送軍糧，後人因而又稱邗溝為「山陽瀆」。

　　據北魏酈道元《水經注·淮水》記載：「昔吳將伐齊，北霸中國，自廣陵城東南築邗城，城下掘深溝。」它從邗城西南引長江水，繞過城東，折向北流，從陸陽、武廣兩湖間穿過，北注樊梁湖，又折向東北，穿過射陽兩湖，再折向西北，後入淮河。

　　邗溝渠線所以這麼曲折，主要是要利用湖泊以便減少工程量。這條運河全長約一百五十公里，開通後大大改善了南北航運，為後來江淮運河的發展奠立了基礎。

　　西元前四八二年，吳國夫差下令在今山東省魚台縣東和定陶縣東北之間鑿開了一條新水道。因其水源來自菏澤，故稱「菏水」。

　　菏水同胥河、邗溝一樣，都是吳國為了政治、軍事需要而開鑿的。在後來歲月裡，這條水道對加強黃河、淮河和長江三大流域的經濟、政治、文化的聯繫，也有重要的作用。

　　「戰國七雄」之一的魏國也在積極發展漕運。魏惠王為稱霸中原，西元前三六〇年開挖了溝通黃河和淮河的人工運河鴻溝，而這也是中國古代最早連通黃淮的人工運河。

　　鴻溝先在河南滎陽把黃河裡泥沙較多的水引入圃田澤，使水中的泥沙沉積在圃田澤中，減輕下游渠道的堵塞，然後引水向東，繞過大梁城的北面和東面，向南與淮河支流丹水、睢水、渦水、潁水等連接起來。

　　自然河道連接成網，船隻也就可以暢通無阻。

鴻溝開通後，不只建立了直通東方各諸侯國的水路交通線，還能確保魏國與東方諸侯國的溝通，加強和他們之間的聯繫。鴻溝在黃河、淮河、濟水之間形成完整的水上交通網，由於聯繫的地區都是當時中國經濟、政治、文化最發達的地區，所以在歷史上影響很大。

鴻溝修成後，經過秦代、漢代、魏、晉、南北朝，一直是黃淮間中原地區主要水運交通線路之一。西漢時期又稱「狼湯渠」。該地北臨萬里黃河，西依邙山，東連大平原，南接中嶽嵩山，是歷代兵家興師動眾、兵家必爭的古戰場。

閱讀連結

伍子胥受命開挖河道後，親率二十萬士兵和民工施工，很快就鑿通這條世界上最早的人工運河。人們為了紀念他，遂將此河取名為「胥河」。

胥河鑿通後，吳王闔閭拜孫武為大將，伍子胥為副將，親率大軍突然向楚國發起進攻，將楚國的軍隊打得一敗塗地，潰不成軍，很快地占領了楚國的都城。那時，楚平王熊棄疾已經去世，他的兒子楚昭王熊軫也逃之夭夭。

後來是秦國出兵救楚擊敗吳軍，吳王闔閭才撤兵回歸。

▌秦漢時期的漕運

■揚州古運河

　　秦漢兩代繼戰國後持續發展漕運事業，如秦始皇令監祿
鑿靈渠，劉濞開挖「茱萸溝」運道，漢武帝開鑿與渭河平行
的人工運河漕渠，漢明帝時王景使黃河、汴河分流，東漢廣
陵太守陳登改道與疏通邗溝等。

　　從以上資料不難看出，古代的運河大多以運送糧草和軍
隊為主，但客觀上卻促進了國家統一、經濟繁榮與民族融合。

　　秦始皇統一中原後，接著又向嶺南進軍，然而嶺南的險
峻地形使行軍極度困難，戰爭也不像預料的那樣順利。

　　當時糧草的運輸主要靠人背牲口馱。運糧隊伍要翻山越
嶺，走上好些日子，除去自己的消耗，到達營地時已經所剩
無幾了。

更麻煩的是，行進在崇山峻嶺的運糧隊伍，往往可能遭到敵人的突然襲擊。糧草問題，更直接地說是運輸問題，要是不能得到解決，作戰根本無法取得勝利。在無計可施之下，常常空著肚子打仗的秦軍進行了三年戰爭，還是沒有什麼明顯進展。

為瞭解決南征部隊的糧草運輸問題，秦始皇決定派史祿負責「鑿渠運糧」，在五嶺之上開一條運河，初名「秦鑿渠」，又稱「零渠」，即今靈渠。

史祿將靈渠的路線選在廣西壯族自治區興安縣城附近湘江和灕江的分水嶺上。這裡兩江相近，最近的地方相距不到一千五百公尺，山也不算高，相對高度約三十公尺。只需溝通兩江，中原地區用船運來的糧草就可以從水路一直越過五嶺，進入嶺南地區。

在這些山區河道行船，最重要的是如何使船「爬」上山。船要「爬」山，對水面「坡度」就有一定的要求，而用現在的航海用語來說，指的就是「比降」。

開鑿靈渠的人民運用智慧和辛勞，創造出許多山區河道行船的好辦法。

為了解決坡度問題，他們在開挖靈渠時會刻意使河道迂迴曲折、多轉幾個彎，讓船多走幾個「之」字形，延長有限的河道。水面坡度自然相對變小，船「爬」山也就容易多了。

在山上進行這種工程，從地理上來說是不可能的，即使有可能，這也是個費時又耗力的大工程。為此，民間又發明了「斗門」，也叫做「陡門」。

王朝命脈 漕糧與漕運

　　他們在靈渠水位比降大又不適於延長河道的地方，分別用巨石做了一個又一個的斗門，最少十座，最多可以到三十六座。每座斗門都有專用的工具，如斗槓、斗腳、斗編等。

　　船進入一個斗門後，隨即把身後的斗門用專用的工具堵住，使其無法漏水，然後開啟前進方向上的另一個斗門。隨著斗門打開，水從前方的斗門湧進來，一段時間後，兩個斗門間的水位就會變得一樣高，於是船就可以前進到前一個斗門內，隨後又堵住船後斗門，再打開前面斗門。

　　如此週而復始地循環，船就一級一級向山上「爬」去。同樣道理，船也可以從山上一級一級「爬」下來，不過方向相反罷了。

　　除了讓船「爬」上山的辦法外，人們還創造了另外一種重要的方法，就是引湘江水入靈渠的「分水工程」。

　　湘江上游的海洋河水量較為豐富，他們便在海洋河上建立分水工程，確保靈渠保持充足水量，以利於船隻從海洋河透過分水工程進入運河。

　　分水工程位於興安縣城東南約兩千公尺遠的分水村。這裡不是距離運河最近的地方，但是此處河床較高，約等於靈渠的海拔高度，方便將水引入運河，才會捨近求遠，把分水工程設在此。

　　分水工程包括「人」字形的攔河壩和鏵嘴兩部分。

　　鏵嘴位於「人」字形攔河壩頂端的河心，作用與都江堰的角嘴一樣，把海洋河水分成兩部分，七分進北渠，三分入

南渠。進入北渠的水，從「人」字壩向北，經過約三千五百公尺的渠道回到湘江故道；進入南渠的水，經過人工開鑿約四千五百公尺米的渠道引入靈渠，作為運河的主要水源。

為了完成這個工程，數十萬秦軍和民工開石劈山，經歷五年的努力、排除許多困難和干擾，終於在西元前二一四年完成這條全程三十三公里的靈渠。

靈渠修成後，秦軍得以加強對嶺南的攻勢，長驅直入，深入越人腹地，並在西元前二一四年徹底平定南越，在那裡設置桂林、象、南海三郡。

第二年，又遷徙五十萬刑徒戍守嶺南，與當地越人雜處，共同開發南方地區。

在攻取嶺南的同時，秦始皇派兵修築通往雲貴的道路，道寬五尺，稱「五尺道」。秦軍透過五尺道進入西南地區，設郡立縣，委任官吏管理這一地區。

靈渠是世界上最早建造並使用船閘的運河，也是最早的跨越山嶺的運河，而這樣利用船閘的特殊行船技術一直被沿用至現代。

秦漢之際，蕭何負責從關中漕運糧食到廣武前線。

當時的路線是從關中將糧食裝上漕舟，順渭水東下，經黃河險段三門峽後再東流至廣武，其中三門峽這段漕運十分危險，不僅河道窄、水流急，還有不少暗礁，稍有不慎即船毀人亡。

蕭何將關中之糧運至前線因此特別艱辛。

交通巡禮：歷代交通與水陸運輸

王朝命脈 漕糧與漕運

在長達五年之久的興漢滅楚的戰爭中，蕭何為了鞏固後方策略基地，多靠漕運足食足兵支援前線，其傑出的軍事後勤保障對於最終戰勝項羽具有重要意義，所以劉邦稱蕭何功勞最大，位列第一，不是沒有道理的。

西漢定都長安後，每年需從關東運輸大量穀物以滿足關中地區貴族、官吏和軍隊的需求，轉漕逐漸走向制度化。

當時，漢高祖劉邦的侄兒吳王劉濞設都城於廣陵城，開挖了著名的「茱萸溝」運河。

茱萸溝運河西起自揚州東北茱萸灣的邗溝，東通海陵倉及如皋磻溪，使江淮水道與東邊的產鹽區連結，在運鹽和物資運輸方面發揮了重要作用。

至漢武帝初年，全國每年的漕運量增到一百多萬石，以後又增至四百萬石，高峰時達至每年六百萬石。當時漕運用卒達六萬人，由各地護漕都尉管理，沿途縣令長也有兼領漕事；漕糧則輸入大司農所屬的太倉。

漕轉關中，費用浩大、需時很長、人力需求龐大，特別是漕船要經過三門峽砥柱之險，糧食損耗嚴重。當年蕭何就曾歷經三門峽段漕運的危險。

西漢朝廷曾先後採取過多種改進辦法，其中收效最大的是漕渠的開通。

漢武帝用三年時間，沿秦嶺北麓開鑿了與渭河平行的人工運河漕渠，大大縮短潼關到長安的水路運輸的路程和時間，運輸費用減少，沿渠民田也能收到灌溉之利，是西漢重要的水利工程。

漢宣帝時，令三輔、弘農、河東、太原之粟以供京師。這種做法對縮短漕運路線、減少漕運壓力與避開砥柱之險等，都有正面的效益。

東漢建都洛陽，從山東、河北、江淮等地轉漕糧食至京師，路程較近，又不需經過砥柱之險，改善漕運困難的局面，漢光武帝初年因此省罷了護漕都尉。

就算這個時期的水運狀況相對良好，漕運事業仍有一定的發展，如漢光武帝在洛陽南修陽渠引洛水以為漕。

漢明帝時，在滎陽至千乘的海口築堤修渠，使黃河徙道後混流的黃河、汴河分流，利於南來的漕糧自淮河入汴，北來的漕糧循河、洛而西，京師糧食供應不憂匱乏。這是東漢漕運事業的最大成就。

秦漢時期的漕運工程，滿足當時運送糧草和軍隊的需要，也促進這些地區經濟的繁榮，有利於民族融合與國家統一。

閱讀連結

東漢廣陵太守陳登鑒於夫差時期所修邗溝過於曲折迂迴、捨近求遠，對它進行改道與疏通。他從樊良湖穿渠至津湖，再從津湖鑿渠至白馬湖，至山陽末口入淮。

陳登對邗溝動了大手術，拉直原樊良湖至末口的彎曲水道，大大改善漕運航行，史書稱之為「陳登穿溝」。人們習慣於把這條渠道稱作「邗溝西道」，將原河稱作「邗溝東道」。

▌隋代大運河水運網

　　魏晉南北朝時期，江南的經濟有了顯著發展，尤其是會稽郡，成為江南最富庶的地區。

　　隋代的政治中心在北方，經濟雖然發展較快，但兩京和邊防軍所需的糧食相當多，需要江淮地區供應。

　　陸路運輸的速度慢、運量小、費用大，無法滿足北方的需要，因此開通運河、利用水利運輸，便成為當時社會經濟發展的需要。

■京杭大運河及河岸

　　隋初以長安為都。自西漢以來，從長安東至黃河就有兩條水道，一條是自然河道渭水，另一條是漢代修建的人工河道漕渠。渭水流沙多，河道彎曲，不便航行，而由於東漢遷都洛陽，漕渠失修，早已湮廢。想要發展水運，隋代只能開鑿新渠。

西元五八一年，隋文帝楊堅即命大將郭衍為開漕渠大監，負責改善長安、黃河間的水運，但建成的富民渠仍難滿足東糧西運的需要，三年後又不得不再一次動工改建。

這次改建，要求將渠道鑿得又深又寬，必須可以通航「方舟巨舫」。改建工作由傑出的工程專家宇文愷主持。在水工們的努力下，工程進展順利，當年竣工。

新渠仍以渭水為主要水源，自大興城至潼關長達一百五十幾公里，命名為「廣通渠」。新渠的運輸量大大超過舊渠，除能滿足關中用糧外，還有很大的餘裕。

隋煬帝楊廣即位後，政治中心由長安東移洛陽，需要改善黃河、淮河、長江間的水上交通，以便南糧北運和加強對東南地區的控制。

西元六○五年，隋煬帝命宇文愷負責營建東都洛陽城，並且開通濟渠、擴建山陽瀆；工程規模之大、範圍之廣，前所未有。其中通濟渠與山陽瀆的修建與整治還必須同時進行。

通濟渠可分東西兩段。西段在東漢陽渠的基礎上擴展而成，西起洛陽西面，以洛水及其支流谷水為水源，穿過洛陽城南，至偃師東南，再循洛水入黃河。

東段西起滎陽西北黃河邊上的板渚，以黃河水為水源，經開封、杞縣、睢縣、寧陵、商丘、夏邑、永城等縣，再往東南，穿過安徽宿縣、靈壁、泗縣，以及江蘇的泗洪縣，至盱眙縣注入淮水。兩段全長近一千公里。

　　山陽瀆北起淮水南岸的山陽，徑直向南，至江都西南接長江。兩渠都是按照統一的標準開鑿的，兩旁種植柳樹，修築御道，沿途還建離宮四十多座。

　　施工過程中雖然有利用舊有的渠道和自然河道，但因為新渠道有統一的寬度和深度，因此，主要還要依靠人工開鑿。這項工程雖然浩大而艱巨，但歷時很短，三月動工，八月就全部完成。

　　在完成通濟渠、山陽瀆之後，西元六〇八年，隋煬帝決定在黃河以北再開一條運河，即「永濟渠」。

　　永濟渠也可分為兩段：南段自沁河口向北，經今新鄉、汲縣、滑縣、內黃、魏縣、大名、館陶、臨西、清河、武城、德州、吳橋、東光、南皮、滄縣、青縣，抵天津；北段自天津折向西北，經天津的武清、河北的安次，到達涿郡。

　　南北兩段都是當年完成。永濟渠與通濟渠一樣是一條又寬又深的運河，據載全長九百五十幾公里，深度雖不見文字紀錄，但整體而言應與通濟渠相當，因為它也是一條可通龍舟的運河。

　　永濟渠開通後，隋煬帝自江都乘龍舟沿運河北上，帶著船隊和人馬水陸兼程，最後抵達涿郡。全程兩千多公里，僅用了五十多天，足見其通航能力之大。

　　廣通渠、通濟渠、山陽瀆和永濟渠等渠道，雖然不是同時開鑿而成，可以算作各自獨立的運輸渠道。

由於這些渠道都以政治中心長安、洛陽為樞紐，向東南和東北輻射，同時連通春秋戰國時期修建的胥溪、胥浦，組成一個完整的體系，從而形成一條連通南北的大運河。

隋代大運河從長安、洛陽向東南通到餘杭、向東北通到涿郡，是古今中外最長的運河。由於它貫穿了錢塘江、長江、淮河、黃河、海河五大水系，交通運輸之利輻射周邊地區，大大地便利了漕運。

大運河修成後，在加強國家統一、促進南北經濟文化交流方面，其價值是不可估計的。

閱讀連結

據《大業雜記》所記，隋煬帝在大運河上行駛的龍舟，「其龍舟高四十五尺，闊四十五尺，長兩百尺。」共分四層。

上層是正殿內殿和東西朝堂；中間兩層有一百二十個房間，都用金玉裝飾，是皇上休息娛樂的地方；最下一層是內侍住。

龍舟前面是昂首的龍頭，後面是高翹的龍尾，彰顯一派真龍天子的無限威嚴。

整個船隊，舳艫相接一百公里，兩岸有二十萬士兵和十幾萬步兵夾岸護航。從遠處看，根本分不出哪是河中哪是岸上，只見旌旗蔽野，非常壯觀。

▌宋元漕運與漕糧

■蘇州古運河平門城樓

　　北宋由於龐大的官僚機構和大量的軍隊，對漕糧的需求大大增加。開封、南京、陳州等重要城市仰賴外地的漕糧，加上北宋漕線較隋唐縮短近半，運輸能力大增，年漕運量高達六百萬甚至八百萬石，創中國古代漕運之最。南宋漕糧主要沿江運往各軍事重鎮。

　　元代的漕運是海運、河運並行而以海運為主，海運主要是將南方糧食由海路的調運。元代海運興通，漕運進入新階段。

　　北宋建都開封。從地理位置說，這個都城更接近當時盛產糧米的地區，縮短了漕運的路線。不僅開封的糧食需由南方供應，就連南京、陳州等地也開始仰賴於漕糧。

宋代的漕量非常大，甚至超過前代，主要是由於北方各省的農業生產在長期的戰爭中受到嚴重摧殘，由本地收取的糧食數量越來越少，而倚靠外地供應的數量越來越大。

　　宋代的官僚機構重疊龐大，常有一個官五、六人共做的現象，做官必須食俸祿，高級官員每月要支祿米一百石。官吏一多，國家支出的糧食自然就多了。

　　宋代朝廷還養著大量軍隊，而軍隊的供養也大多仰賴漕米。

　　有了上述的客觀需要，加上北宋的漕運線路比唐代要近一半，由淮入汴，水道暢通，灘阻較少，還不需接運，所以宋代每年漕運量成為中國漕運史上的最高紀錄。

　　宋代主管漕運的官員，在朝廷內是三司使。三司使，是朝廷主管財政的大員，地位僅比宰相和樞密使低一等，號稱計相，職權很大。各路都設有轉運使掌管漕運，因此轉運使又稱漕司。

　　宋欽宗靖康年間，北宋的國都東京被金兵攻破，而後康王趙構在南京即位，後來又將國都遷到臨安，這就是南宋。

　　南宋的國都處在水利發達、土地肥沃的江浙地區，漕運路程也比北宋短得多。至於湖廣、四川等地，當時也是有名的富庶地區，這些地區的糧食大多運往沿江各軍事重鎮，供應軍隊需要。

　　元代首都和北方部分地區的糧食供應主要取自南方；南方的糧食經海道運至直沽，再經河道運達大都。運往元都的

交通巡禮：歷代交通與水陸運輸

王朝命脈 漕糧與漕運

漕糧，在至元、大德年間為一百多萬石，後來增至三百多萬石。元代歲運的最高額超過三百五十萬石。

元代在直沽河西務設都漕運使司，負責接受南來的糧食物資及所屬各倉公務；在大都設立京畿都漕運使司，負責將前司接納的糧食物資運赴大都各倉。

元朝朝廷對漕運管理非常嚴格。當時，朝廷規定，在漕運過程中如果損耗了漕糧，損耗由押運官員賠償，但如果船隻翻沉造成船民死亡時，則可免賠。

元朝朝廷為了尋找經濟、安全的海運線路，從西元一二八二年起，海道漕運線路一共變更了三次。

第三次的線路是從劉家港入海至崇明島的三沙進入深海，北去經成山角折而西北行，經劉家島、沙門島過萊州灣抵達直沽海口。這條新線路比較以前的線路更短更快，順風時十幾天就可以到達。

此外，為了克服海道運輸困難，元代海運機關接受船民的建議，在西暗沙嘴設置航標船、豎立標旗，指揮長江入海口的船隻進出，後又在江陰的夏港、需溝等九處，設置標旗指引行船。

他們在龍山廟前高築土堆，土堆四周用石塊砌壘；土堆上從每年四月中旬開始，白天高懸布幡，夜間懸點燈火，以指揮船隻行駛。這帶來很好的效果。

元朝朝廷大規模地挖河造船，對促進經濟發展產生很大的幫助。

總體講說，元代的漕運是海運、河運並行而以海運為主。

在航行的實際經驗裡，元代人民學會在航途上樹立航標、確立港口導航制，並編出通俗的口訣，對水文和氣象進行預測預報、開發中國東部海域的航運多有貢獻。

海運的開通和發展加強元代南北物資和文化的交流，促進造船技術的提高和外貿事業的發展，沿海城鎮也由此而繁榮。對元代的政治、經濟和文化都有正面效果。

閱讀連結

漕運不僅促進了經濟的發展，還有助於文學的發展。

相傳，北宋文學家蘇東坡，有一年從海南北返。他半袒上身，乘一葉扁舟，由後河入運河駛向東水關。在通濟橋河段，當地人同說大文豪蘇東坡路經此地，萬人爭看。

蘇東坡自覺快風活水，心曠神怡。

南宋抗金名將文天祥在乘船過常州弋橋時，留下了「蒼天如可問，赤子果何辜。唇齒提封舊，撫膺三嘆吁」的慨嘆。

其實，志士文人在漕運河道上抒發情懷，這也是漕運文化的重要組成部分。

▌明清漕運及其制度

明代漕運發展到一個新階段。這時徵運漕糧的有南直隸、浙江、江西、湖廣、河南和山東。

交通巡禮：歷代交通與水陸運輸

王朝命脈 漕糧與漕運

　　漕糧按供應地區的不同區分為南糧和北糧。清代開鑿中運河，改善了漕運條件，另外制定了嚴格的漕運制度。

　　漕運的暢通，為明清兩代商品經濟的發展和東南地區的繁榮，直接或間接地造成了正面的作用。

■漕運浮雕

　　明代的漕糧主要征自南直隸和浙江，約占全國漕糧的百分之六十。漕糧的數額，宣德年間最高時達到六百四十萬石，成化年間規定歲運四百萬石的常額。在用途上，漕糧為京都、北邊提供軍餉，白糧供宮廷、宗人府及京官祿糧。

　　明朝朝廷初置京畿都漕運司，以漕運使主管。後廢漕運使，置漕運府總兵官。西元一四五一年始設漕運總督，與總兵官同理漕政。漕府領衛軍總共十二萬七千人，運船一萬一千艘，另有海軍七千人，海船三百五十艘，專職漕糧運輸，稱為「運軍」。

　　地方以府佐、院道和科道官吏及縣總書等掌管本地漕事；朝廷戶部和漕府派出專門官員主持各地軍、民糧船的監兌和

押運事宜。州縣以下由糧長負責徵收和解運。糧長下設解戶和運夫，專供運役。

明代初期承元之故，以海運為主，河、陸兼運為輔。一由江入海，經直沽口至通州，或徑往遼東；一由江入淮、黃河，自陽武縣陸運至衛輝府，再由衛河運至薊州。江南漕運，則由江、淮運至京師南京。

以承運者而言，海運為軍運，其餘都是民運。雇運權是一種輔助形式。

永樂年間因遷都北京，糧食需求日增，而海運艱阻，於是整治大運河，即從杭州灣通往北京的漕河。整頓的辦法有二，一是疏濬會通河，造漕船三千多艘以資轉運；二是在運河沿岸淮安、徐州、臨清、德州和天津建置漕糧倉庫，也稱「水次倉」。

漕運方法歷經改革後，在明代已經趨於完善，計有支運法、兌運法和改兌法。

支運法也叫「轉運法」，由漕運總兵官陳瑄負責推行，規定各地漕糧就近運至淮、徐、臨、德四倉，再由運軍分段接運至通州、北京。一年轉運四次。

農民參加運糧可免納當年稅糧，納當年稅糧則免運糧，運費計算在支運糧內。民運的比重約占支運的四、五成。

兌運法也是由陳瑄等人推行。各地漕糧運至淮安和瓜州，兌與運軍轉運；河南於大名府小灘兌與遮洋總海運；山東則於濟寧兌與軍運。軍運的費用由農民承擔。

後來又定漕糧「加耗則例」，即按地區的遠近計算運費，隨正糧加耗徵收，於兌糧時交給官軍。起初兌運與支運並行，其後兌運漸居優勢。

改兌法即長運法或直達法，漕運都御史滕昭負責推行。由兌運的軍官過江，徑赴江南各州縣水次交兌；免除農民運糧，但要增納一項過江費用。淮安等四倉支運糧為改兌。自此，除白糧仍由民運外，普遍實行官軍長運制度。

為維持漕運，明朝朝廷規定漕糧全征本色，不得減免，嚴格限制漕糧改折，只有在重災、缺船或漕運受阻等嚴重情況下才實行部分的改折，折征時正、耗各項合計在內。

清朝朝廷為了確保漕運，對運道的疏通同樣十分重視，採取了治黃兼顧治運的方針，替運河地區、特別是黃淮地區的水利事業帶來一定的好處。

清代開鑿了中運河。中運河原為發源於山東的泗水下游故河道，後為黃河所奪。中運河的開通是清代一項重大水利工程，也是清代南北漕運所必經的河段。它同樣是大運河的一部分。

清代漕運方法基本承明制，但又有下列名目：正兌米，運京倉糧，定額三百三十萬石；改兌米，運通州倉糧，定額七十萬石；折征，將漕糧折算成銀，價銀統歸地丁項內，上報戶部。

清代漕船數與編制稍異明代，一般以府、州為單位，十人一船，十船一幫，十船互保。總數一萬多艘，而實際運於

漕運的僅七千艘左右。每船裝運量不得超過五百０石，另可裝土產往返各口岸行銷，後因運道淤塞而禁止。

清代後期實行官收官運，承運者是軍籍中較殷實的軍丁，也就是運丁。發運時每船配運軍一名，運副一名，雇募水手九名至十名。各省運軍水手多少不等，總數在十萬名左右。

漕運最高長官為漕運總督，駐淮安。其下為各省糧道，共七人，掌本省糧儲，轄所屬軍衛，遴選領運隨幫官員，責成各府會齊、金選運軍等；坐守水次，監督、驗明漕糧兌換，面交押運官，並隨船督行至淮安，呈總督盤驗。

為確保漕運無誤，清朝朝廷於淮安、濟寧、天津、通州運河沿線設置巡漕御史，稽查本段漕運。此外，淮安淮北沿河置有鎮道將領以催促入境漕船前行；在鎮江與瓜州的南漕樞紐處，由鎮江道催促，同時由總兵官或副將巡視河岸，協同督促漕船過江。

清代在道光年間於上海設海運總局、天津設收兌局，並特調琦善等總辦首次海運。漕船從黃浦江出發，經吳淞口東向大海，行兩千多公里達天津收兌局驗米交收。清朝朝廷特準商船載運免稅貨物的百分之二十於往來貿易，增加商船流動。

晚清時期發生一系列與漕運有關的事件，如商品貿易的發展及輪船和鐵路交通逐漸興起等，最終導致漕運的衰落。

閱讀連結

　　清代漕糧征運制度極為嚴密而成熟，透過規模龐大的文冊《戶部漕運全書》，全面記載漕運制度。

　　《戶部漕運全書》是御史夏之芳經欽定編纂的，內容涉及漕糧額征、徵收事例、兌運事例、通漕運艘、督運職掌、選補官丁、官丁廩糧、計屯起運、漕運河道、隨漕款項、京通糧儲、截撥事例、採買搭運、奏銷考成等，每大項制度還包括多方面的小項。

　　全書的分類內容完全涵蓋漕運事務的各個方面，充分反映出清代漕運制度的全面和嚴密。

歷史起航 造船與航海

　　中國人曾以其非凡的勇氣和智慧走向海洋，開闢其航海事業的先河；在這個過程中，造船技術和航海技術均取得令世界矚目的成就。不僅對古代社會經濟的發展產生重要作用，也促成明代鄭和下西洋的歷史性壯舉。

　　明代造船與航海技術的發展，將中國的造船與航海事業推向新高峰。在有利的技術條件支持下，明代著名航海家鄭和七次遠渡重洋，促進政治、經濟與文化交流，在歷史上產生深遠影響。

▋古代造船和航海技術

■鄭和寶船模型

　　造船與航海是科學技術的大整合，涉及流體力學、材料力學、運動學、天文學、數學、磁學、地理學、氣象學及製造工藝技術等廣闊的領域。古人以非凡的勇氣和智慧創造先進的造船技術與航海技術，開闢中國航海事業的先河。

　　在造船技術上，發明船舵、水密隔艙和船體龍骨結構；在航海技術上，利用天文和地文進行航海。這些成就在很長一段時間內都處於世界領先地位。

　　中國的造船史綿亙數千年，從遠古就開始了。

　　早在新石器時期，先人就廣泛使用了筏和獨木舟。根據考證，筏是舟船發明以前出現的第一種水上運載工具，是新石器時期中國東南部的百越人發明的。

秦漢時期，中國造船業的發展出現第一個高峰；漢代出現的舵是世界航海史的一項發明，發現於廣州西村皇帝崗西漢古墓中出土的木質船模中。

　　舵是安裝在船尾後操縱航向的裝置，雖然小，但能使龐大的船體運轉自如。其奧妙在於，航行中的船隻，如果要向左轉，就要將舵向左偏轉一個角度，水流會在舵面上產生一股壓力，即舵壓。舵壓本身很小，但它距離船的轉動中心較遠，所以使船轉動的力矩比較大，船首會相應地轉向左方。

　　「舵」的發明是古中國人對世界造船史的一大貢獻，改寫世界航海事業的歷史，為航海者的遠洋航行提供關鍵的技術協助。

　　水密隔艙大約發明於唐代，宋以後在海船中被普遍採用，部分內河船也有採用。

　　所謂水密隔艙，就是用隔艙板把船艙分成互不相通的一個一個艙區，艙數有十三個的，也有八個的。這樣的船舶結構是中國在造船方面的一大發明，存在眾多優勢。

　　首先，由於艙與艙之間嚴密分開，在航行中，特別是在遠洋航行時，即使有一、兩個艙區破損進水，水也不會流到其他艙區，可以使船的整體保有一定的浮力，不致沉沒。

　　如果進水多到船支撐不住，只要拋棄貨物、減輕重量，也不至於馬上沉入海底；如果進水嚴重，可以駛到就近的口或陸地進行修補。

　　水密隔艙既提高船舶抗沉性，並增加遠航的安全保障。

其次，船上分艙，貨物的裝卸和管理比較方便。不同的貨主可以同時在個別的艙區中裝貨、取貨，提高裝卸的效率，又有利於管理。

另外，由於艙板跟船殼板緊密聯結具有加固船體的作用，不但增加了船舶整體的橫向強度，而且取代加設肋骨的工藝，使造船工藝簡化。

中國古代船舶的龍骨結構也是造船業中的一項重大發明。

中國古代航海技術同樣取得舉世矚目的成就，在天文航海技術和地文航海技術方面有許多創新的呈現。

天文航海技術主要是指在海上觀測天體以決定船舶位置的各種方法。中國古代出航海上，很早就知道藉由天體判斷方向，例如《淮南子》中就說過，如果在大海中乘船而不知東方或西方，那觀看北極星便明白了。

至元明時期，中國天文航海技術有了很大的發展，已能觀測星的高度來定地理緯度，是中國古代航海天文學的先驅。這種方法當時叫「遷星術」，而其工具稱為「遷星板」。

遷星板用優質的烏木製成。一共十二塊正方形木板，最大的一塊每邊長約二十四公分，以下每塊遞減兩公分，最小的一塊每邊長約兩公分。另有用象牙製成一小方塊，四角缺刻，缺刻四邊的長度分別是上面所舉最小一塊邊長的四分之一、二分之一、四分之三和八分之一。

假使要用遷星板觀測北極星，只要用左手拿木板一端的中心，手臂伸直，眼看天空，木板的上邊緣就是北極星，下

邊緣則是水平線，這樣就能測出所在地的北極星距水平的高度。求得北極星高度後，便可以計算出所在地的地理緯度。

中國古代航海者已經能準確地掌握季風更換規律，並藉此進行航海。古籍中曾經提到，在東南亞的太平洋航線上，「船舶去以十一月、十二月，就北風；來以五月、六月，就南風。」

通往朝鮮、日本的東北亞航線，對季風的利用則正好相反。當然，海面上所刮的風並不單純是季風，還有瞬息萬變的各種氣候。

古代航海者整理大量預測天氣的經驗，並巧妙地利用中國獨特的風帆，即可以或降或轉支的平式梯形斜帆，根據風向和風力大小進行調節，使船可駛八面風，確保不論在何種風向下都能利用風力進行航。此外，南宋以後已發明了走「之」字形的調帆方法，從那時起就能逆風行船了。

中國古代地文航海技術的成就豐富，包括航行儀器如航海羅盤、計程儀、測深儀的發明和創造，以及針路和海圖的運用等。

航海羅盤是中國發明的。在中國發明指南針後，很快使用到航海上。

製作者將航海羅盤的三百六十度分作二十四等分，相隔十五度為一向，也叫「正針」，不過在使用時還有縫針，縫針是兩正針夾縫間的一向，因此航海羅盤就有四十八向。大約在漢朝時就有二十四向的紀載，北宋地理學家沈括的地理

圖上也用到過二十四個方向，四十八方向則大約是在南宋時起出現的。

四十八向的每向間隔是七點三度，要比西方的三十二向羅盤的定向精確得多，因此，雖然在明朝末年就從西方世界學來三十二向的羅盤知識，但是中國航海家一直是用固有的航海羅盤。

計程儀又叫「測程儀」。三國時期吳國海船航行到南海一帶，有人寫過《南州異物誌》一書，書中有這樣的記載：

在船頭上把一木片投入海中，然後從船首向船尾快跑，看木片是否同時到達，以此測算航速航程。

這是計程儀的雛形。直至明代還是用這個方法，不過操作方法更為具體。

中國遲至唐代末年已有測深的設備，一種是「下鉤」測深，一種是「以繩結鐵」測深。淺水測深的深度可達二十多公尺，而再稍晚一些，有記載說用綱下水測深，「綱長五十餘丈，才及水底。」綱是大繩，五十多丈，這已是深水測深了。

南宋末年吳自牧的《夢粱錄》上說：「如果航海到外國做買賣，從泉州便可出洋。經過七洲洋，『船上測水深約有七十餘丈』。」當時測水到這樣的深度，可見中國宋代已經有較為熟練的深水測深技術了。

宋代已經有針路的設計。航海中主要是用指南針引路，所以叫做「針路」；有的古籍中叫「針經」、「針譜」或「針策」。凡是針路，一般都必寫明某地開船、航向、航程和船到某地等。

至於航海圖，北宋徐兢《宣和奉使高麗圖經》上已有海道圖，這是中國航海圖最早的記載，而現存最早的海道圖是明代初期《海道經》裡附刻的《海道指南圖》。

明末時期有些古籍註明海上危險物，比如「有草嶼」、「有蘆荻」等，還有淺灘、暗礁、沙州以及岩石的記載。這些和近代海圖上的要求大致符合。

上述這些造船技術和航海技術，在明代得到進一步完善和充分運用，從技術方面為明代的鄭和下西洋創造了必要的條件。

閱讀連結

法顯是中國歷史上第一位到海外取經求法的大師、傑出的旅行家和翻譯家。東晉時期，法顯從印度搭船回國，幾經換乘才回到祖國。

回來後他說，當時在海上見「大海瀰漫，無邊無際，不知東西，只有觀看太陽、月亮和星辰而進」。直至北宋以前，航海中還是「夜間看星星，白天看太陽」。

從北宋開始，在航海技術中加了一條「在陰天看指南針」。

自從指南針運用於航海，海上航行的人們就再也不會像法顯那樣「不知東西」了。

▌鄭和遠航的技術條件

■鄭和寶船模型

明代在造船技術上取得重大的突破，如船舶體積增大和配套設施齊全；航海技術也日趨成熟，尤其是天文和地文航海技術的運用，將中國古代航海技術又向前推進了一大步。

正是因為明代具備先進的上述兩大條件，才會有鄭和七次下西洋的遠航壯舉。

鄭和出海遠航，打通了從中國到印度洋、紅海及東非的航道，提高了中國人民的航海技術，開闢了中國和世界航海史新紀元；當時使用的船隻，也是那時世界上最先進的設計。

明代水軍的強大是世所罕見的。明朝從一開始便是在強大水軍的基礎下建立南方政權，而後北伐蒙古完成統一大業；後來在東南沿海抵抗倭寇，也可見明朝水軍的實力。

明代先進的造船技術，具體表現在航海船舶體積的增大上，比如鄭和下西洋的寶船船長約一百三十八公尺，寬約五十六公尺。這種巨型海船，別說中國歷史上亙古未有，即

使在當時世界上也是首屈一指，是中世紀中國造船業在全世界遙遙領先的證明。

據一些考古的新發現和古書上的記載，明代造船的工廠分佈之廣、規模之大、配套之全，是歷史上空前的，處於中國古代造船史上的最高水準。

明代主要的造船場有南京龍江寶船廠、淮南清江船廠等，它們的規模都很大。其中的南京龍江寶船廠，就是當時大規模的造船基地和停泊中心之一。

龍江寶船廠位於今南京市西北三汊河附近的中保村一帶，迄今還留有「上四塢」、「下四塢」水塘和水道。它們與長江的夾江相通，便於寶船下水。

造船工廠有與之配套的手工業工廠，加工帆篷、繩索、鐵釘等零件，還有木材、桐漆、麻類等堆放在倉庫，造船材料的驗收以及船隻的修造和交付等，也有一套嚴格的管理制度。

福建長樂太平港，是當時下鄭和西洋的基地港，鄭和的船隊每次都在這裡駐泊、修繕、選招隨員與候風開洋。

建造巨型海船必須解決抗沉性、穩定性等問題，鄭和寶船的設計者便按前人經驗，將船體寬度加至五十六公尺，避免因船身過於狹長而經不起印度洋驚濤駭浪的衝擊發生斷裂的危險。

為了確保五十六公尺船寬這樣大幅度的橫向強度，並增強船的抗沉性和穩定性、縱搖的承壓力等，艙內採用水密艙壁，並在每道隔梁間做好連接，又與船肋骨緊密結合在一起。

現代有學者根據寶船的尺寸推算出為承受縱向總彎曲力矩，估計船底板和甲板的厚度應分別約為三十四公分和三十八公分。

這是一個驚人的結論！同時也是活生生的歷史事實。它告訴人們，只有用這麼厚的板材建造出長一百三十八公尺、寬五十六公尺的巨船，船體強度才能得到保證。

福建省泉州出土的宋船曾採用榫接、鐵釘加固、船板縫隙中填塞黏合物的辦法，來保證船的堅固性和水密性；宋代這種先進的造船工藝，必然為鄭和遠航時的造船師所承襲，並得到一定程度的發展。

鄭和下西洋的船隊，將天文導航、羅盤導航、陸標導航、測量水深和底質等導航手段結合起來，使航海技術又向前了一大步，例如在近海航行時把陸標與羅盤相結合。

《鄭和航海圖》指出：以吳淞江為陸標，用羅盤時刻校正船的航向，使之與吳淞江保持平行。

這種航海技術位列當時世界的前端；印度洋上的外國航海家們，直至十五世紀末，還是靠觀察南半球南極星與其他星宿高度的簡單儀器來定航行方位。

明代航海術的又一重大成果，是《鄭和航海圖》的繪製。《鄭和航海圖》原名《自寶船廠開船從龍江關出水直抵外國諸番圖》，是中國地圖學史上最早的海圖。

全圖以南京為起點，最遠到位於南緯四度左右的東非，所收亞非兩洲地名達五百多個，其中亞非諸國約占三百個。

因此，它也是十五世紀以前中國記載亞非兩洲的內容最豐富的地理圖籍。

《鄭和航海圖》使用中國傳統的山水畫法，配上所記的針路和過洋牽星圖。

用今天的海圖對照可發現其相當準確，記錄的航向、航程、停泊港口、暗礁、淺灘的分佈也相當詳盡。

閱讀連結

嘉靖年間造船、修船採取領料包工制度，沈�身為監督造船事宜的地方官員，為了杜絕舞弊浪費，他研究了二十四種船的構造、工程、用料等，詳細記錄並稽考文獻，撰成《南船紀》。

書中敘述了黃船、戰巡船、後湖金水河船、快船、裁革船五大類二十四種，每種船均用文字說明其形制、尺度、用料、用工，還記述明代造船的工料和管理等。

《南船紀》詳細記載了明代造船技術，不失為非物質文化遺產傳統技藝的實物載體。

▋鄭和船隊編制情況

鄭和下西洋是一支規模龐大的船隊，完全按照海上航行和軍事組織進行編成的。

鄭和船隊的編隊人數眾多，船員海航經驗豐富，船隻種類齊全，船隊分工井然有序，船隊隊形合理，組織指揮與通訊聯絡完備。是一支航海技術全面，工作效率高的船隊。

歷史起航 造船與航海

■鄭和下西洋船隊

　　鄭和下西洋的船隊是根據海上航行和擔負的任務，採用軍事組織形式，船員人數眾多，每次都在二萬七千人以上。

　　航海人數的多少反映一定的實力，尤其是在古代社會，因為它需要各方面物質保障。鄭和船隊負擔得起這樣的人數，凸顯出明代軍事組織的強悍。

　　隨鄭和下西洋的穆斯林是船隊中的重要隨員。他們都在航海事業中做出可貴的貢獻。

　　馬歡是浙江會稽人，回族。因才能優越又通曉阿拉伯語，便以通譯番書的身分先後隨行了第四、第六和第七次三次遠航。他編寫的《瀛涯勝覽》，記述占城、爪哇等國的疆域地理、風俗物產及歷史沿革，為這幾次遠航留下珍貴的文字資料。

　　據《瀛涯勝覽》記載，鄭和在第七次下西洋時，曾選差懂阿拉伯語的七個通事，帶麝香、瓷器等物到麥加，往返一年，買得各色異寶，並畫《天堂圖》真本回京。麥加國王也差使臣將方物獻給明朝朝廷。

鄭和所率領的船隊是支特混艦隊，最多時有兩百多艘，是十五世紀世界上最大、最完備的船隊。船隊的船舶種類大致可分為寶船、馬船、糧船、坐船、戰船和水船六種。

　　寶船是最大、最主要的船舶，相當於今旗艦或主力艦，為領導成員和外國使者所乘坐，為船隊的核心。

　　馬船又稱「馬快船」，是大型快速水戰與運輸馬匹等軍需物資的兼用船。

　　糧船主要用於運輸船隊所需糧食和後勤供應物品，使船隊沿途能得到充分的補給，相當於今日的生活補給船。

　　坐船全稱「戰座船」，是船隊中大型護航主力戰船，為軍事指揮人員及幕僚乘坐，也可作為分遣護航艦隊中的指揮船。

　　戰船船型比坐船小，為專任護航和作戰之用。

　　水船為專門貯藏、運載淡水用的輔助船。

　　作為一個載有兩萬七千人的船隊，必須有嚴密的編制、分工與管制，才能井然有序。

　　據《瀛涯勝覽》記載，鄭和第四次下西洋時，其船隊人員有官校、旗軍、勇士、通事、民梢、買辦、書手，通計兩萬七千六百七十人。

　　這裡紀錄的主要是領導管理人員，而祝允明在《前聞記》中「下西洋」條所記的隨行人員，則把重心放在航行技術人員的分工，計有官校、旗軍、火長、舵工、班碇手、通事、辦事、書算手、醫士、鐵錨、搭材等匠，水手、民梢人等。

歷史起航 造船與航海

　　鄭和船隊的編隊，有大隊和分隊之分。大隊，即指全部船隊的編隊，分隊是指部分船舶的編隊。明代船舶編隊一般以五艘至十艘為一隊。

　　大隊與分隊的編隊方法是比較靈活的，既可分，又可合，可在同一時間內分赴各地進行活動。

　　至於鄭和船隊的具體隊形，在中國一般史料中未記載，而僅在《三寶太監西洋記》中有所述及，摘錄如下：

　　每日行船，以四艘「帥」字號船為中軍帳；以寶船三十二艘為中軍營，環繞帳外；以坐船三百號，分前後左右四營環繞中軍營外。以戰船四十五號為前哨，出前營之前，以馬船一百號實其後，以戰船四十五號為左哨，列於左，人字一撇撇開去，如鳥舒左翼；以糧船六十號，從前哨尾起，斜曳開列到左哨頭止；又以馬船一百號副於中；以戰船四十五號為右哨，列於右，人字一捺捺開去，如鳥舒右翼。

　　這種船隊由「帥」字號船組成的中軍帳，處於隊形的核心，能環視周圍各船隊形，便於實施統一指揮。它優於單一隊形，如單縱隊、雙縱隊或單橫隊隊形，避免隊形過長或過寬，首尾、左右不能相顧的缺陷。

　　由當代歷史學家張維華主編的《鄭和下西洋》一書中有一張編隊示意圖，宛如一個「貴」字形。這種隊形與現代艦船的大型編隊的航行序列衛幕隊形很相似。

　　隊形最前方有前衛成「人」字隊或雁行隊，主力艦在大本營居中，相當於中軍帳。左右翼有展開的方位隊，如鳥之

舒兩翼，大本營的主力艦周圍還有衛幕艦任保衛、警戒之責。艦隊的尾翼也有護衛艦警戒。

船隊的前後左右均有戰船形成衛幕，有利於保衛中軍帳及輔助船的安全。遇有戰鬥情況，位於四周的衛幕艦船易於展開迎敵。

當遇有敵艦從隊後來襲時，只要各船根據統一令，原地調頭，首雁形分為燕尾形，原來的後燕尾開變換為首雁形隊，可使整個編隊迅速轉成一百八十度以迎敵。

指揮一個龐大的特混編隊的行動和通訊聯絡是密不可分的。在沒有無線電通訊手段的十五世紀，所能用的海上通訊手段只有視覺通訊和聽覺通訊，也就是靠旗、燈和音響信號。從中軍帳的帥船到外圍的衛幕船，欲通暢無阻地傳遞信號，必須有嚴密的組織和嚴肅的紀律。

據《西洋記》記載，鄭和船隊的通訊手段是：「晝行認旗幟，夜行認燈籠，務在前後相繼，左右相挽，不致疏虞，如遇敢有故縱，違誤軍情，因而僨事者，即時梟首示眾。」可見通訊聯絡紀律的嚴明。

明代船隊在夜航中以燈光為號，則是常見的。各船以燈火為號，中軍船放起三支火把，一盞懸燈。其餘四方各營的情況是：前營船平列懸燈兩盞；左營懸燈兩盞，各桅一盞；右營大、小各平列懸燈兩盞，後營兩盞，一高一低，以便於識別各船所在的陣位。

如遇有霧、雨、雪等不良能見度時，則用音響信號進行聯絡。例如配有大銅鑼、小鑼、大更鼓、小鼓等物件。

聲音除作為作戰指揮用之外，還可用於傳達號令和訊息，以便在能見度不佳時，保持有效的聯絡。除鑼、鼓之外，還有喇叭和螺號也用於通訊聯繫。

即使天氣良好時，音響信號也有其專司的內容，像是前進、後退、舉炊、集合、起碇、升帆、拋錨等活動，便皆以音響信號指揮。

嚴密的組織和嚴格的紀律，使鄭和船隊順利實現了七下西洋的宏偉目標，為中國航海史寫下了光輝的一頁。

閱讀連結

鄭和下西洋的船隊人員眾多、船員海航經驗豐富、分工合理、船隻種類齊全，具有有效的組織指揮與通訊聯絡系統，因而被很多外國學者稱作是特混艦隊，鄭和則是海軍司令或海軍統帥。

著名的國際學者，英國的李約瑟博士，在分析這時期的世界歷史之後表示：

「明代海軍在歷史上可能比任何亞洲國家都出色，甚至同時代的任何歐洲國家，以致所有歐洲國家聯合起來，都無法與明代海軍匹敵。」

▍鄭和七次遠渡重洋

從西元一四〇五年至一四三三年，鄭和先後七次遠渡重洋，曾到達過爪哇、蘇門答臘、真臘、暹羅、阿丹、天方、

左法爾、忽魯謨斯、木骨都束等三十多個國家，最遠曾達非洲東海岸，紅海、麥加。

鄭和不僅發展中國與亞非國家的海上交通，對發展中國與亞洲各國政治、經濟和文化上友好關係也有巨大貢獻。

■鄭和下西洋船隊的糧船

西元一四〇五年七月十一日，鄭和第一次啟程下西洋。船隊順風南下，到達爪哇島上的麻喏八歇國。

爪哇古名闍婆，為南洋要沖，這裡人口稠密，物產豐富，商業發達。

當時，爪哇島上的東王、西王正在打內戰。鄭和船隊的人員上岸到集市上做生意，被西王麻喏八歇王誤殺計一百七十人。「爪哇事件」發生後，西王十分懼怕，派使者謝罪，要賠償六萬兩黃金以贖罪。

鄭和得知是一場誤殺，鑒於西王誠恐，於是稟明朝朝廷，力主化干戈為玉帛。明王朝放棄了麻喏八歇國的賠償，西王知道後，十分感動，兩國和睦相處。

交通巡禮：歷代交通與水陸運輸

歷史起航 造船與航海

　　西元一四〇七年十月十三日，鄭和回國後立即為第二次遠航準備，主要是送外國使節回國。

　　這次出訪所到國家有占城、渤尼、暹羅、真臘、爪哇、滿刺加、錫蘭、柯枝、古里等。到錫蘭時，鄭和船隊向有關佛寺布施了金、銀、絲絹、香油等。

　　西元一四〇九年夏天，鄭和船隊回國。

　　鄭和第三次下西洋始於一四〇九年十月。船隊從太倉劉家港起航，十一月到福建長樂太平港駐泊，同年十二月從福建五虎門出洋，經過十天十夜到達占城，後派出一支船隊從占城直接駛向暹羅。

　　鄭和船隊離開占城又至真臘，然後順風到了爪哇、淡馬錫。他們在滿刺加建造倉庫，下西洋所需的錢糧貨物都存放在倉庫裡以備使用。鄭和船隊前往各國的船隻，返航時都在這裡聚集，裝點貨物等候南風開航回國。鄭和船隊從滿刺加開航，經阿魯、蘇門答臘、南巫裡到錫蘭。

　　西元一四一一年七月六日，鄭和船隊回到中國。

　　西元一四一二年十二月十八日，朝廷令鄭和進行規模更大的遠航。這是鄭和第四次下西洋。這次開航首先到達占城，後率大船隊駛往爪哇、舊港、滿刺加、阿魯、蘇門答臘，又從蘇門答臘派分隊到溜山，就是現在的馬爾地夫群島；大船隊從蘇門答臘駛向錫蘭。

　　在錫蘭，鄭和再次派分船隊到加異勒，而大船隊駛向古里，再由古里直航忽魯謨斯阿巴斯港格什姆島；這裡是東西

方之間進行商業往來的重要都會。鄭和船隊由此起航回國，途經溜山國。

西元一四一五年八月十二日，鄭和船隊回國。這次航行，鄭和船隊跨越印度洋到達了波斯灣。

西元一四一七年六月，鄭和第五次下西洋。這次是奉朝廷之命送來華的十九國使臣回國。

鄭和船隊首先到達占城，然後到爪哇、彭亨、錫蘭、沙里灣尼、柯枝、古里。船隊到達錫蘭時鄭和派一支船隊駛向溜山，然後由溜山西行到達非洲東海岸的木骨都束、麻林。

大船隊到古里分成兩支，一支船隊駛向阿拉伯半島的祖法兒、阿丹和剌撒，即今葉門民主共和國境內，一支船隊直達忽魯謨斯。

西元一四一九年八月八日，鄭和船隊回國。

西元一四二一年三月三日，鄭和第六次下西洋。這次是奉明成祖朱棣之命送來華的十六國使臣回國。這次到達國家及地區有占城、暹羅、古里、錫蘭山、溜山、蘇門答臘、阿魯、滿臘加、甘巴裡、幔八薩。

西元一四二二年九月三日，鄭和船隊回國。隨船來訪的有暹羅、蘇門答臘和阿丹等國使節。

西元一四三〇年六月二十九日，明宣宗朱瞻基命鄭和又一次出使西洋。

寶船從龍江關出水，集結於劉家港，經占城、爪哇的蘇魯馬益、蘇門答臘、古里，向南到達非洲南端接近莫桑比克

海峽，然後返航。當船隊航行至古里附近時，鄭和因勞累過度一病不起，於一四三三年初春在印度西海岸古里逝世。船隊由王景弘率領返航，回到太倉劉家港。

西元一四三三年七月二十二日，鄭和船隊回到南京。

閱讀連結

鄭和第一次下西洋到達爪哇島上的麻喏八歇國時，曾經和平處理一起誤殺事件。

當兩國發生衝突時，鄭和能保持極大的克制，以理服人，化干戈為玉帛，表現出明王朝對鄰國的和平共處，睦鄰友好的願望。

時至今日，爪哇島的人談及此事，都說鄭和對各國不論強弱親疏，平等對待，一視同仁。

鄭和下西洋的意義

■鄭和畫像

　　鄭和下西洋是一種國家行為，而他的船隊則是一支強大的策略力量，使中國的海軍縱橫大洋，實現萬國朝貢。從當時的情形來看，此行對鞏固明代的統治地位具有一定的意義。

　　這是中國古代歷史上最後一件世界性的盛舉，而鄭和也隨著時間推移成為冒險與探索、傳播和平與文化的精神。

　　明朝朝廷派遣鄭和船隊下西洋，是基於當時的國家利益，其目的含政治與經濟層面。

　　中國當時受東南沿海的倭寇與海盜問題所困，而東南亞國家局勢動盪不安，鄭和的航行為中國國家安全帶來保障，

也在外交、國際地位上有所助益，同時有利於周邊穩定。此為政治考量。

經濟層面則可分為朝貢貿易、官方貿易和民間貿易三種形式。

朝貢貿易是鄭和下西洋貿易活動的基本形式，帶有封建宗主國的性質。它透過這種形式獲得這些小國對明代宗主地位的認可，這是朝貢貿易的政治目的。

官方貿易是鄭和下西洋的重要內容，它是在雙方官方主持下與當地商人進行交易，為明代擴大海外貿易的重要途徑。鄭和船隊除了裝載賞賜用的禮品外，還有中國的貨物，如絲綢、瓷器、鐵器等。這種貿易可以用明代銅錢買賣，多數以貨易貨。

民間貿易是在鄭和下西洋貿易活動的帶動下出現的。當時的東南亞百姓對中國絲綢、瓷器、工具非常喜歡，除了在鄭和船隊抵達時去碼頭購買，有的還會請官兵到當地的集市設攤交易。

鄭和對西太平洋和印度洋進行海洋考察，收集和掌握許多海洋科學數據，有利於擴大海外交通和貿易範圍。

在航海過程中，鄭和船隊結合天文和地理導航知識，其中有多項技術在當時世界極為先進。

鄭和下西洋開闢了亞非的洲際航線，為西方大航海時代的到來鋪平了亞非航路，例如葡萄牙航海家就曾經沿著鄭和船隊開闢的航線順利到達了印度。

鄭和下西洋所到之處，不僅進行海外貿易，還向外傳播中國的文化，如中華禮儀和儒家思想、曆法和度量衡制度、農業技術、製造技術、建築雕刻技術、醫術、航海造船技術等，在中外文化交流史上寫下了新的篇章。

閱讀連結

鄭和下西洋期間，在所到之處廣泛開展民間貿易活動。這種貿易活動有許多有趣的故事，其中最有影響的是擊掌定價法。

在印度古里國，鄭和船隊到達後，由當地的代理人負責交易事宜，將貨物帶到交易場所；雙方在官員主持下當面議價定價，一旦定下，絕不反悔，雙方互相擊掌表示成交。

鄭和後幾次下西洋，貿易規模不斷擴大。因為當時實行平等自願等價交換，可以說具備了國際貿易的一些基本原則。

國家圖書館出版品預行編目（CIP）資料

交通巡禮：歷代交通與水陸運輸 / 唐容 編著 . -- 第一版 .
-- 臺北市：崧燁文化，2020.04
　　面；　公分
POD 版

ISBN 978-986-516-119-4(平裝)

1. 交通史 2. 中國

670.8　　　　　　　　　　　　108018524

書　　名：交通巡禮：歷代交通與水陸運輸
作　　者：唐容 編著
發 行 人：黃振庭
出 版 者：崧燁文化事業有限公司
發 行 者：崧燁文化事業有限公司
E - m a i l：sonbookservice@gmail.com
粉 絲 頁：　　　　　　網　址：
地　　址：台北市中正區重慶南路一段六十一號八樓 815 室
8F.-815, No.61, Sec. 1, Chongqing S. Rd., Zhongzheng
Dist., Taipei City 100, Taiwan (R.O.C.)
電　　話：(02)2370-3310 傳　真：(02) 2388-1990
總 經 銷：紅螞蟻圖書有限公司
地　　址：台北市內湖區舊宗路二段 121 巷 19 號
電　　話:02-2795-3656 傳真:02-2795-4100　　網址：
印　　刷：京峯彩色印刷有限公司（京峰數位）

本書版權為千華駐科技出版有限公司所有授權崧博出版事業有限公司獨家發行
電子書及繁體書繁體字版。若有其他相關權利及授權需求請與本公司聯繫。

定　　價：250 元
發行日期：2020 年 04 月第一版
◎ 本書以 POD 印製發行